天然气处理厂检修规程

(检修管理篇)

张维智 傅敬强 宋 彬 李曙华 孟 波 等编著

石油工业出版社

内容提要

《天然气处理厂检修规程》丛书分为检修管理篇、检修技术篇、检修范例篇3个分册。

本书为检修管理篇，对天然气处理厂检修管理方面的内容进行了系统阐释，主要内容包括：天然气处理厂分布情况、处理工艺发展、管理职责、检修计划、检修准备、检修实施管理、检修总结及考核等，并对实际工作中使用的检修用表和检修作业指导书进行了汇编。

本书可供从事天然气处理相关工作的技术人员、科研人员及管理人员参考使用，也可供高等院校相关专业师生参考阅读。

图书在版编目（CIP）数据

天然气处理厂检修规程.检修管理篇/张维智等编著.—北京：石油工业出版社，2023.1
ISBN 978-7-5183-5394-1

Ⅰ.①天… Ⅱ.①张… Ⅲ.①天然气加工厂–检修–技术操作规程–中国 Ⅳ.① F426.22-65

中国版本图书馆CIP数据核字（2022）第091825号

出版发行：石油工业出版社
（北京安定门外安华里2区1号楼 100011）
网　　址：www.petropub.com
编 辑 部：（010）64523687　图书营销中心：（010）64523633
经　　销：全国新华书店
印　　刷：北京晨旭印刷厂

2023年1月第1版　2023年1月第1次印刷
787×1092毫米　开本：1/16　印张：5.75
字数：130千字

定　价：60.00元
（如出现印装质量问题，我社图书营销中心负责调换）
版权所有，翻印必究

《天然气处理厂检修规程》
编写组

组织单位：中国石油油气和新能源分公司

主编单位：中国石油西南油气田公司

参编单位：中国石油长庆油田公司

中国石油塔里木油田公司

中国石油大庆油田

组　　长：张维智

副组长：傅敬强　宋　彬　李曙华　孟　波

编写人员：（按姓氏笔画排序）

万义秀	马宏才	马淑芝	王　军	王　建	王　超	王国强
王举才	王晓东	王得胜	王嘉彦	计维安	孔令峰	艾国生
东静波	叶华伦	朱　琳	任越飞	刘　芳	刘　岩	刘　蔷
刘文祝	刘君富	刘博昱	闫建业	闫高伦	安　超	许　勇
孙洪亮	杜　璨	李双林	李可忠	李林峰	李茜茜	李显良
李　攀	杨春林	吴　宇	何　军	何树全	宋美华	宋跃海
张　迪	张　昆	张　燕	张　镨	张小兵	张卫朋	张少龙
张世虎	张治恒	张宝良	张春阳	张晓东	张爱良	张雪梅
陈　星	陈思锭	陈冠杉	范　锐	林国军	钟　华	保吉成
段雨辰	宫彦双	柴海滨	翁军利	高晓根	唐　岩	彭　云
曾　萍	曾　强	温艳军	赖海涛	綦晓东	戴　仲	

统　　稿：张春阳　刘　蔷

序

天然气作为清洁低碳能源，是实现国家"双碳"目标和"美丽中国"的重要保障。中国石油按照"大力提升油气勘探开发力度"和"能源的饭碗必须端在自己手里"的要求，积极推动清洁低碳天然气对煤炭等传统高碳化石能源的存量替代，2021年天然气产量达到1378亿立方米，占全国天然气产量的66.4%，降低了进口依存度，有效保障了能源安全。

原料天然气含有游离水、液烃、固体颗粒等杂质，部分天然气还含有硫化氢、二氧化碳等有毒有害物质，不满足商品天然气的要求，需要进行净化处理。检修是保障天然气供应，实现天然气处理厂"安稳长满优"运行的关键工作之一。随着技术发展以及完整性管理和精益生产要求的不断提升，检修技术从人工检修向自动化、智能化检修过渡，检修方式也从被动检修转变为预防检修，检修管理日趋成熟。

川渝气田是国内天然气工业的发源地，1966年在四川建设了全国第一套天然气处理装置。编写组以川渝气田检修技术和经验为基础，融合长庆油田、塔里木油田、大庆油田等多个天然气生产企业典型处理装置的检修成果，严格遵循国内外最新的标准规范，将实践经验与技术成果深度融合，编著形成了《天然气处理厂检修规程》丛书（3个分册）。丛书从管理、技术和实际操作三个维度，详细阐述了检修流程、技术规范、具体做法和验收标准等内容，涵盖检修工作的各环节，充分体现了检修工作的科学性、实用性和可操作性，对从事天然气处理工作的管理和现场操作人员具有很好的学习、借鉴和指导作用，也可作为高等学校辅导用书。

相信《天然气处理厂检修规程》丛书的出版，将有力推动天然气处理厂检修工作的标准化、制度化、规范化，为装置检修技术发展和水平提升作出积极贡献！

前 言

全球能源消费结构正在向更加绿色和低碳发展方向转型,天然气作为一种可靠、清洁、可承受的能源,对优化国家能源结构、改善生态环境、提升居民生活品质,发挥着至关重要的作用。

受"煤改气"政策和环保驱动工业用气的推动,天然气消费持续快速增长,2020年全国天然气消费量约为3200亿立方米,国内天然气产量为1925亿立方米,天然气在油气结构中占比首次超过50%。中国石油的国内天然气产量达到1306亿立方米,约占全国产量的67.8%。

中国石油把天然气作为战略性、成长性业务,持续加大天然气勘探开发力度,加快提高油气自给率。确保天然气快速上产,是夯实立足国内保障国家能源安全的基础,是推进中国石油稳健发展、建设世界一流综合性国际能源公司的需要。

天然气处理厂是天然气工业链中十分重要的地面工程,具有易燃、易爆、有毒、腐蚀、高温、低温、高压等风险。所以,天然气处理厂的正常运行显得更加重要和迫切,而检修则是保证装置安全平稳运行的关键。检修管理和检修技术的水平将直接影响天然气的安全平稳供应。

在中国石油油气和新能源分公司的精心组织下,参编人员在大量收集资料、文献、标准的基础上,总结提炼历年来中国石油各油气田公司天然气处理厂的检修管理经验,并对关键技术对标梳理,编写了这套《天然气处理厂检修规程》,以期规范天然气处理厂检修工作,确保检修工作系统、受控、高效。

《天然气处理厂检修规程》分为检修管理篇、检修技术篇、检修范例篇3个分册。检修管理篇由总则、检修计划、检修准备、检修实施管理、检修总结及考核5章构成。检修技术篇由静设备检修规程、动设备检修规程、自动控制设备检修规程、电气设备检修规程、分析化验设备检修规程、防腐工程检修规程、绝热工程检修规程、其他装置检修规程构成。检修范例篇介绍了含H_2S天然气处理厂、不含H_2S天然气处理厂、含凝析油天然气处理厂、轻烃回收天然气处理厂4个具有典型代表的天然气处理厂停开工方案。

本套书由张维智担任编写组组长,傅敬强、宋彬、李曙华、孟波担任副组长。

《天然气处理厂检修规程·检修管理篇》第1章由张春阳、范锐编写,宋彬、李曙华、翁军利、闫建业、张宝良审核;第2章由刘蔷编写,张宝良、戴仲、何树

I

全、闫高伦审核；第3章由李林峰编写，党晓峰、张迪、叶华伦、王军审核；第4章由曾强、李林峰编写，王军、张维智、张宝良、戴仲、杨春林、孟波审核；第5章由曾强编写，张维智、杨春林、孟波、万义秀审核；附录A由曾强编写，范锐审核；附录B由曾强、李林峰、任越飞、张迪、宫彦双、唐岩、张治恒编写，由范锐、张春阳、曾强、张维智、张宝良、戴仲、刘刚、刘君富、孟波、杨春林审核。

《天然气处理厂检修规程·检修技术篇》第1章由孔令峰、李林峰、张治恒、赖海涛、曾萍、王慧、陈星、王建、张春阳、安超、张治恒、曾强、吴宇、张镨、陈冠杉、高晓根编写，刘蔷、张春阳、张迪、叶华伦、闫建业、翁军利、李攀、刘刚、蒋成银、艾国生、唐岩、张治恒、王晓东、宋跃海审核；第2章由王得胜、张卫朋、张少龙、张世虎、马淑芝、张治恒、林国军编写，由宫彦双、王得胜、蒋成银、马淑芝、张芝恒、张燕、叶华伦、温艳军审核；第3章由王国强、刘岩、钟华编写，刘建宝、张小兵、李显良、张雪梅审核；第4章由张爱良、彭云编写，杜璨、计维安审核；第5章由曾强编写，艾国生、刘文祝审核；第6章由何树全、刘蔷编写，沙敬德、李超审核；第7章由何树全、刘蔷编写，闫建业、温艳军审核；第8章由赖海涛、曾萍、张卫朋、曾强编写，艾国生、吴志华、张迪审核。

《天然气处理厂检修规程·检修范例篇》第1章由李林峰编写，张春阳、曾强、范锐、王军审核；第2章由张世虎、王嘉彦编写，李攀、许勇、张迪、李曙华审核；第3章由宫彦双编写，艾国生审核；第4章由张治恒编写，刘刚、唐岩审核。

本套书整体由张春阳、刘蔷统稿，傅敬强、宋彬、李曙华、孟波初审，张维智审定。

本套书在编写过程中，得到了中国石油青海油田、中国石油辽河油田、中国石油规划总院、中国石油西南油气田天然气研究院等相关单位、专家及技术人员的大力支持和帮助。谯华平、慕晓东、何军、陈思锭、东静波、保吉成、柴海滨、李可忠等专家在本书编写及审稿过程中提出了许多宝贵的意见，在此一并表示衷心感谢。

此外，向本套书的所有参编人员、会务协调人员谢珊，以及书中所引用文献与资料的作者表示深深的谢意。

尽管我们已尽全力，但天然气处理工艺、检修管理及技术复杂、多样，鉴于编者的水平有限，书中难免有疏漏及不当之处，敬请各位专家、同行和广大读者批评指正。

目　录

1　总则 ... 1
1.1　天然气处理厂概况 ... 1
1.1.1　我国天然气处理厂分布状况 ... 1
1.1.2　我国天然气处理工艺发展概况 ... 2
1.2　术语及定义 ... 4
1.2.1　天然气处理厂 ... 4
1.2.2　系统性检修 ... 4
1.2.3　检修周期 ... 4
1.2.4　检修工期 ... 4
1.2.5　检修计划 ... 4
1.2.6　停工 ... 4
1.2.7　开工 ... 4
1.2.8　两个界面 ... 4
1.2.9　能量隔离 ... 4
1.3　管理职责 ... 5
1.3.1　股份公司 ... 5
1.3.2　油气田公司 ... 5
1.3.3　厂处级单位 ... 5

2　检修计划 ... 7
2.1　检修计划的编制依据 ... 7
2.2　检修计划的编制、申报、审批 ... 7
2.3　检修周期 ... 7
2.3.1　标准规范要求 ... 7
2.3.2　专业工具评价 ... 8
2.3.3　专家评估 ... 8
2.4　检修项目 ... 8
2.4.1　静设备和压力管道 ... 8
2.4.2　动设备 ... 8
2.4.3　自动控制 ... 8
2.4.4　电气设备 ... 9
2.4.5　分析化验 ... 9

I

	2.4.6 绝热	9
	2.4.7 防腐	9
	2.4.8 其他	9
2.5	检修工期	9
3	**检修准备**	**11**
3.1	检修组织机构	11
	3.1.1 领导小组	11
	3.1.2 专业组	11
3.2	检修人员准备	12
	3.2.1 装置开停工人员	12
	3.2.2 属地监督人员	12
	3.2.3 检修队伍	12
3.3	检修物资准备	13
	3.3.1 检修物资计划	13
	3.3.2 检修物资采购	13
	3.3.3 检修物资验收	13
3.4	检修机具准备	13
3.5	检修技术文件准备	13
	3.5.1 检修作业指导书/检修方案	14
	3.5.2 检修项目实施表	14
	3.5.3 停工方案	14
	3.5.4 开工方案	14
	3.5.5 技术改造项目设计文件	14
	3.5.6 工艺与设备变更资料	14
	3.5.7 施工组织设计	15
	3.5.8 重点项目施工方案	15
	3.5.9 检修 HSE 方案	15
	3.5.10 其他	15
3.6	分列装置检修准备	15
4	**检修实施管理**	**17**
4.1	装置停工管理	17
	4.1.1 停工条件	17
	4.1.2 停工程序	17
	4.1.3 停工界面交接	18

	4.2 检修过程管理	19
	4.2.1 检修进度管理	19
	4.2.2 检修现场规范化	19
	4.3 检修质量管理	19
	4.3.1 施工质量管理	20
	4.3.2 检修质量验收管理	20
	4.4 装置开工管理	20
	4.4.1 开工界面交接	20
	4.4.2 开工程序	21
	4.4.3 开工条件	21
	4.5 检修安全管理	22
	4.5.1 危害识别及控制措施	22
	4.5.2 安全管理要求	22
	4.6 检修环保管理	22
	4.7 其他管理内容	22
	4.7.1 检修职业健康管理	22
	4.7.2 检修安保管理	23
	4.7.3 检修消防管理	23
	4.7.4 检修应急管理	23
	4.7.5 检修监督管理	23
5	检修总结及考核	25
	5.1 检修技术总结	25
	5.2 检修资料归档	25
	5.3 检修考核	25
附录 A	检修用表	27
附录 B	检修作业指导书	33
	B.1 项目简介	33
	B.1.1 检修安排情况及最终确定时间	33
	B.1.2 检修重点项目	33
	B.1.3 检修的特点	33
	B.1.4 检修的准备情况	33
	B.1.5 参检单位落实情况	33
	B.2 组织机构	34
	B.2.1 领导小组	34
	B.2.2 专业组	34

	B.2.3	联系方式	36
B.3	施工管理		36
	B.3.1	编制装置检修项目实施作业计划	36
	B.3.2	总体进度安排	36
	B.3.3	施工组织设计	41
	B.3.4	主要技术规范	41
	B.3.5	设备保护	42
	B.3.6	项目验收	43
	B.3.7	物资管理	44
	B.3.8	资料管理	44
B.4	停工方案		44
	B.4.1	停工准备	44
	B.4.2	停工程序	45
	B.4.3	停工过程质量安全指标	45
	B.4.4	装置停工方案	46
B.5	开工方案		60
	B.5.1	开工准备	60
	B.5.2	开工程序	61
	B.5.3	开工过程质量安全指标	62
	B.5.4	装置开工方案	62
B.6	风险防控		68
	B.6.1	检修过程危害因素识别及风险控制	68
	B.6.2	开停车过程危害因素识别及风险控制	73
B.7	安全管理要求		75
	B.7.1	作业前的要求	75
	B.7.2	作业过程安全要求	75
	B.7.3	作业许可管理	76
	B.7.4	安防器材管理	76
B.8	检修环保管理		76
	B.8.1	环境危害因素识别及控制措施	76
	B.8.2	环保监测管理	78

1 总则

为加强天然气处理厂检修工作，提高检修管理水平，实现检修安全、环保、质量和进度全面受控，依据相关法律法规、标准规范、管理制度，编写本书。

本书适用于中国石油天然气股份有限公司（以下简称股份公司）所属（陆上）天然气处理厂的系统性检修，涵盖检修计划编制、检修准备、检修实施管理、检修总结及考核等全过程的管理。日常检修、临停检修、不停工检修参照本书执行。

1.1 天然气处理厂概况

天然气工业涵盖勘探、采气、处理、储运等环节，天然气处理是将天然气从气井、油井站场分离后在进入输配管道或用户之前不可或缺的生产工艺过程。天然气处理厂是天然气开发过程中关键的地面工程，其功能是将从气井、油井来的原料天然气中的游离水和/或凝析油分离、脱硫/脱碳及脱除其他有害杂质、将酸气中的硫组分进行回收生产硫黄或其他硫化合物、对含硫或含碳尾气处理后达标排放、对净化天然气脱水脱烃、将凝液进行回收、凝析油稳定以满足质量、安全和环保要求。图1.1为天然气处理厂工艺流程框图。

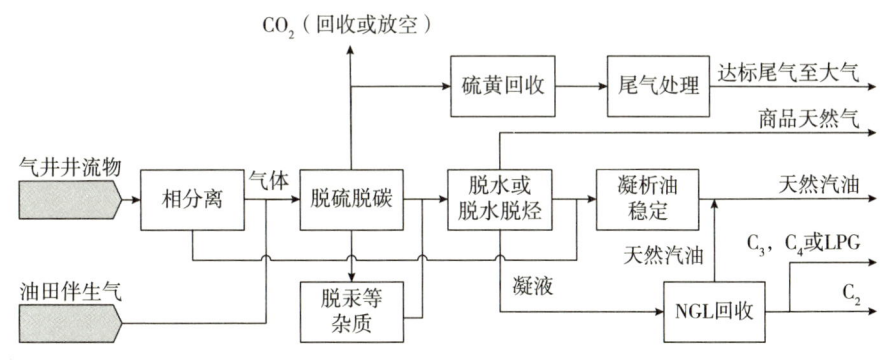

图 1.1 天然气处理厂工艺流程框图

1.1.1 我国天然气处理厂分布状况

我国天然气主要分布在鄂尔多斯、四川、塔里木、松辽、柴达木、东海、珠江口、莺琼、渤海湾、沁水十大沉积盆地中。目前建成了以鄂尔多斯、塔里木、四川和南海四大生产基地为代表的四大气区。其中高含碳天然气主要分布在松辽、渤海湾、珠江口、莺琼、苏北盆地。中国石油的天然气产区主要集中在长庆、塔里木、川渝地区。

长庆油田天然气主要为低含硫天然气，有的甚至不含硫，但基本上都含CO_2，最高的能有6%（体积分数）左右，低含凝析油。长庆油田共建有5座天然气净化厂和12座天然气处理厂。其中，天然气净化厂主要是脱硫脱碳、脱水、硫黄回收，脱硫脱碳采用MDEA或MDEA/DEA水溶液化学吸收工艺，脱水采用TEG工艺，硫黄回收采用直接氧化（Clinsulf-DO）+焚烧+碱洗（结晶）和液相氧化还原（Lo-cat）工艺，设计年处理能力为$155×10^8m^3$。天然气处理厂主要是用作脱水、脱油，采用丙烷制冷工艺，设计年处理能力为$390×10^8m^3$。

塔里木盆地幅员辽阔、天然气资源十分丰富，气质也比较复杂，天然气中除了含硫含碳，有的气田还含汞和蜡。目前天然气处理厂15座，伴生气处理装置7套，设计年处理能力为$602×10^8m^3$。其中，天然气净化装置7套，处理的天然气H_2S含量普遍较低，含量最高的塔三联合站也未超过$20g/m^3$，阿克处理厂处理的天然气只含碳不含硫。脱硫脱碳采用MDEA法，硫黄回收采用低温克劳斯CPS工艺和湿法络合铁工艺，脱碳尾气回注，脱水脱烃采用注醇+节流阀（J—T阀）和丙烷制冷工艺。对含硫含碳不超过管输或用户要求的天然气，天然气处理厂主要是用作脱水、脱烃，采用注醇+节流阀（J—T阀）和丙烷制冷及TEG工艺。

川渝气田建立了我国第一个完整的天然气工业体系，量产的天然气主要为含硫天然气，约占其产气量的60%。拟建的铁山坡、渡口河天然气厂处理的天然气H_2S含量高达$200g/m^3$以上，酸性组分中除了H_2S和CO_2外，还含有COS（羰基硫）、RSH（硫醇）和RSR（硫醚）等有机硫，必须经过净化处理后才能外输。现在运天然气净化厂有13座，共30套净化装置，设计年处理能力达$294×10^8m^3$，主要采用MDEA、CT8-5、CT8-24、Sufinol-M、Sulfinol-D、Sufinol-X等化学及化学物理吸收法脱硫，采用TEG法及分子筛法脱水，硫黄回收采用Claus及其延伸工艺（MCRC、CPS、CBA）和湿法络合铁法，SCOT法和CANSOLV工艺处理尾气。

大庆油田和吉林油田均地处松辽盆地，其天然气中高含二氧化碳。大庆油田徐深8区块所产天然气的CO_2含量高达23.8%（体积分数）；吉林油田长岭天然气处理中心处理的天然气CO_2含量不小于30%（体积分数），而含硫量很低；含硫量最高的红压油气处理厂处理的天然气H_2S含量也仅有$104mg/m^3$。大庆油田是我国最大的溶解气加工处理基地，具有年集输天然气$45×10^8m^3$、生产轻烃$100×10^4t$的能力。天然气脱碳采用活化MDEA，脱水采用TEG工艺，脱碳尾气增压经分子筛脱水后作为油田CO_2驱油气源。凝液回收采用氨压机制冷、丙烷膨胀机、膨胀机+丙烷辅助制冷工艺。

青海油田位于柴达木盆地，其天然气主要分布在涩北气田、马仙地区、冷湖地区，天然气不含硫和二氧化碳。尤其是涩北气田，其天然气为纯干气，甲烷含量在99%以上，仅含少量的乙烷、丙烷和氮气，为典型非酸性气田。天然气日产量达到1700多万立方米，建有7座天然气脱水站。除南八仙联合站和东坪区块集气脱水站采用丙烷制冷脱水脱烃外，其他处理站均采用三甘醇脱水工艺。

1.1.2 我国天然气处理工艺发展概况

中国是世界上最早发现和利用天然气的国家，但在1949年天然气产量只有$1117×10^4m^3$，仅在四川盆地和台西盆地发现小气田。20世纪80年代前，天然气处理工艺经历了满足工业原料中对减少H_2S的腐蚀和加工产品要求，天然气热值和长输管道输送对水、烃含量要求，民用安全要求的发展历程。之后，减少硫、碳排量的大气环境保护要求和能源结构向绿色低碳转型成为天然气处理技术发展进步的新动力。

20世纪50年代初，四川盆地的天然气多为就近利用制炭黑。由于天然气中的H_2S造成设备腐蚀并由此影响炭黑质量，1953年进行了黄土脱硫和砷碱法脱硫，因前者再生困难后者毒性强及废液排出困难，均未能推广。随后成功应用了碱液法脱硫，在当时条件下虽不理想但现实可行，一时迅速推广。20世纪60年代，四川气田开发规模不断扩大，含硫更高、储量更大的气田不断被发现，促进了醇胺法的试验研究。1966年四川石油管理局在东溪气田采用MEA脱硫和Claus硫回收法建成国内第一套醇胺法天然气处理装置。分流法Claus硫回收工艺的工业试验成果在1968年威远气田的开发中得到了成功运用。

1980年，从日本千代田公司以成套装置引进的$400 \times 10^4 m^3/d$川东脱硫厂建成投产，包括原料气分离装置、Sulfinol-D脱硫装置、TEG脱水装置、Claus硫回收装置、SCOT尾气处理装置及酸水汽提装置等主体装置，以及相配套的公用工程和辅助生产设施。通过对引进技术的消化吸收，我国的天然气净化处理技术得到了飞跃式发展，天然气研究所随后开发了国际先进、节能明显的MDEA选择性脱硫工艺，并成功应用于渠县净化分厂。20世纪80年代以来，又先后在川渝地区的中坝净化厂、忠县净化分厂、垫江净化分厂、引进分厂引进了亚露点克劳斯（MCRC）、等温亚露点（Clinsulf-SDP）、超级克劳斯（SuperClaus）、冷床吸附（CBA）硫回收延伸工艺。

长庆油田于2004年从Linde公司引进了一套Clinsulf-Do工艺的硫黄回收装置。2009年，具有自主知识产权的CPS低温克劳斯工艺成功地在万州净化厂首次工业应用，硫收率达到99.25%。2001年西南油气田隆昌天然气净化厂从美国USFilter引进Lo-cat自循环硫回收装置。2012年长庆油田第三天然气净化厂从美国MERICHEM引进Lo-cat分区块反应器自循环硫回收装置。为了满足GB 17820《天然气》和GB 39728《陆上石油天然气开采工业大气污染物排放标准》的要求，2019年投产的西南油气田安岳天然气净化厂引进了CANSOLV尾气处理工艺。

20世纪80年代至今，西南油气田天然气研究院相继开发了天然气净化处理CT8系列醇胺类溶剂和固体脱硫剂、硫黄回收和尾气处理CT6系列催化剂、铁基氧化还原工艺脱硫和硫回收用CT15系列络合铁溶剂。

在NGL回收方面，其工艺基本上分为吸附法、油吸收法、冷凝分离法。吸附法由于缺点较多，因而目前应用很少。我国NGL回收装置始建于20世纪60年代，早期基本上来自井口三相分离器。20世纪70—80年代，仅有少量装置经节流低温回收NGL，随着北方和西北各大油气田相继开发，20世纪80年代之后普遍采用注醇＋节流阀（J—T阀）、丙烷制冷、氨压机制冷、膨胀机＋丙烷辅助制冷工艺回收NGL。

中国石油的天然气净化处理工艺已形成了配套体系，从溶剂、催化剂、分析测试、新工艺研发等都达到了国际一流水平，在脱硫溶剂复活方面达到国际领先水平。在天然气处理厂的设计、生产运行、开停产、检维修、管理水平上已接近国外先进水平。

1.2 术语及定义

1.2.1 天然气处理厂

具有对原料天然气进行脱硫/脱碳、产品分馏、硫黄回收、尾气处理、烃水露点控制、凝液回收、凝析油稳定的全部工艺或其中一部分工艺的生产设施的工厂。

1.2.2 系统性检修

系统性检修是指天然气处理厂按计划停工对工艺装置、生产辅助设施及公用工程等设备设施进行全面检查、检测、检验、维护、修理和更换的作业。

1.2.3 检修周期

检修周期是指天然气处理厂两次系统性检修之间的时间间隔。

1.2.4 检修工期

检修工期是指天然气处理厂进行系统性检修从停工到开工所需的时间，即从停止进原料气到输出产品的时间。

1.2.5 检修计划

检修计划是对天然气处理厂进行定期检查和检修以预防故障发生或完成修复而制定的指导性文件。

1.2.6 停工

停工即计划性停工，是按计划对天然气处理厂生产设备和设施停止运转和生产的过程。

1.2.7 开工

开工是指按计划对天然气处理厂生产设备和设施导通生产流程，进行一系列运行操作调整，使其运行逐步达到稳定和正常工况，并生产出合格产品的过程。

1.2.8 两个界面

一个界面是指生产装置（单元）、设备设施停车后，工艺处理合格后交付检修的界面；另一个界面是指检修结束后交付生产的界面。

1.2.9 能量隔离

能量隔离即是将阀件、电气开关、蓄能配件等设定在合适的位置或借助特定的设施使设备不能运转或危险能量和物料不能释放的措施。

1.3 管理职责

天然气处理厂检修管理分为股份公司、油气田公司、厂处三级。各级要明确管理部门、设置管理岗位、细化岗位职责，以满足检修工作要求，适应检修管理需要。天然气处理厂检修管理应按照"统一领导、业务主导、分级管理、分工负责、协同配合"的原则确定机构和职责。

1.3.1 股份公司

中国石油天然气股份有限公司油气和新能源分公司是股份公司所属天然气处理厂检修管理的主管部门。其主要职责：

（1）负责组织制订、修订股份公司所属天然气处理厂的检修管理制度、标准规范，并监督实施。

（2）负责审查各油气田公司天然气处理厂年度检修计划，统筹协调股份公司天然气平稳生产。

（3）指导各油气田公司不断改进和加强天然气处理厂检修管理，提高管理水平和检修技术，组织推广应用先进的管理方法和检修技术。

1.3.2 油气田公司

各油气田公司应明确负责检修的主管领导，各相关业务部门按照职责设置管理岗位。其主要职责：

（1）负责组织制订、修订本公司天然气处理厂检修管理制度、标准和规范规程，并贯彻执行。

（2）负责组织编制天然气处理厂年度检修计划，统筹区域天然气产供销平衡，制定检修管理目标，做好过程监督、检查。

（3）负责组织重大检修项目、关键设备更换的计划审查、批复及验收。

（4）协调处理检修过程中出现的重大问题。

（5）负责检修作业项目检修单位的市场准入、HSE准入、危险作业许可等管理。

（6）负责检修资金的落实以及资金使用的监督和考核。

（7）负责监督天然气处理厂检修过程的QHSE管理执行情况。

（8）负责组织检修总结及检修管理的考核。

1.3.3 厂处级单位

各厂处级单位应明确负责检修的主管领导和主管部门，设置管理岗位，负责本单位的检修工作。其主要职责：

（1）按照天然气处理厂检修管理制度、标准、规范、规程，细化管理内容和实施细则，组织开展天然气处理厂检修工作。

（2）编制、上报天然气处理厂检修计划，并按照批复组织实施。

（3）组织天然气处理厂检修方案/作业指导书的编制、审批及报备。

（4）组织检修物资、队伍、机具等准备工作，协调解决检修过程中出现的问题。

（5）组织检修过程中的QHSE管理。

（6）组织检修验收，开展检修后装置启动前安全检查。

（7）开展天然气处理厂检修总结及评价。

（8）组织检修资料的整理归档。

2 检修计划

检修计划是天然气处理厂开展系统性检修的前提，明确检修计划流程、检修周期、检修项目、检修工期，确保合理有序安排天然气处理厂检修工作。

2.1 检修计划的编制依据

（1）装置运行中发现的质量和安全环保隐患。
（2）设备设施的维护及检验，包括国家和行业规范要求的特种设备、计量仪表及安全附件等的定期检验、校检和维护。
（3）生产工艺改变和重要生产设备的更换。
（4）自动控制、联锁报警系统、公用工程及辅助生产设施异常或失效。

2.2 检修计划的编制、申报、审批

各油气田公司天然气处理厂应根据生产装置特点、介质性质、设备管线腐蚀情况及装置运行时间，编制详细的检修计划。

检修计划按照自下而上申报，自上而下审批下达的流程完成计划的申报、审批。

检修计划的编制及审批应充分考虑隐患和问题治理、特种设备检验检测、天然气产量、经济效益、上下游协同、气候条件等因素。

装置停工后，根据检查情况，可对检修计划内容进行调整，调整计划的格式、内容、申报程序与正式计划相同。

2.3 检修周期

天然气处理厂的检修周期受设备新度系数、压力容器和特种设备检验、性能状况、寿命周期、安全与环保要求的影响，一般为 12~24 个月，鼓励天然气处理厂在保证安全的情况下延长检修周期。受天然气产供销平衡、装置运行突发状况以及其他外界因素的影响，检修周期可进行一定程度的调整。具体由以下要求确定。

2.3.1 标准规范要求

特种设备（包括压力容器、压力管道、锅炉等）、电气设备等的检验周期应遵循国家和行业的相关法律、法规和标准规范的要求，主要包括：

（1）《中华人民共和国特种设备安全法》。
（2）TSG 21《固定式压力容器安全技术监察规程》。
（3）TSG D0001《压力管道安全技术监察规程》。
（4）TSG G0001《锅炉安全技术监察规程》。
（5）TSG ZF001《安全阀安全技术监察规程》。
（6）DL/T 1054《高压电气设备绝缘技术监督规程》。
（7）DL/T 596《电力设备预防性试验规程》。
（8）AQ 3009《危险场所电气防爆安全规范》。

2.3.2 专业工具评价

状态监测、故障诊断、RCM（以可靠性为中心的维修）、RBI（基于风险的检测）、HAZOP分析（危险与可操作性分析）等专业工具可有效评价设备状态和系统的可靠性，为天然气处理厂检修周期的确定提供决策支持。

2.3.3 专家评估

天然气处理厂结合装置的实际运行状况，从生产运行、工艺技术、设备设施、电气仪表、HSE等方面对装置的运行情况进行评价，开展产品质量分析、溶液的性能分析、尾气分析、外排水分析等，编写评估报告。

油气田公司厂处级单位在收到天然气处理厂评估报告后，组织专家评估，应重点评价装置隐患的风险、监控措施的有效性等，确定检修周期。超出检验周期的压力容器、压力管道、锅炉、安全阀等需要地方监督管理部门备案许可。

2.4 检修项目

检修项目应包括且不限于静设备（含压力管道）、动设备、自动控制、电气设备、分析化验、绝热、防腐及其他等方面。

根据各天然气处理厂管理需要，将上述分类未完全涵盖的检修内容纳入其他检修项目。

2.4.1 静设备和压力管道

静设备和压力管道检修项目包括但不限于：钢制固定式压力容器和压力管道、塔类设备、罐类设备、热交换器、过滤器、分离器、炉类、反应器、火炬等。

2.4.2 动设备

动设备检修项目包括但不限于：泵、压缩机、风机、膨胀机等。

2.4.3 自动控制

自动控制检修项目包括但不限于：检测仪表、调节阀、在线分析仪、过程控制系统、固定式报警仪等。

2.4.4 电气设备

电气检修项目包括但不限于：变电设施、配电设施、用电设施、防雷设施等。

2.4.5 分析化验

分析化验检修项目包括但不限于：气相色谱仪、原子吸收分光光度计、紫外可见分光光度计、微库仑总硫分析仪、精密水露点分析仪、电位滴定仪、红外分光测油仪、化学需氧量（COD）测定仪、生物化学需氧量（BOD_5）测定仪、酸度计、浊度计等。

2.4.6 绝热

绝热检修项目包括设备及管道的绝热等。

2.4.7 防腐

防腐检修项目包括设备及管道的防腐、钢结构的防腐及防火涂层防护等。

2.4.8 其他

其他包括但不限于：PSA制氮装置、消防系统、硫黄造粒机和包装机、储罐清洗等。

2.5 检修工期

天然气处理厂检修工期根据天然气产销平衡、装置规模和实际检修工作量决定，并考虑同步进行的改建、扩建、大型设备更换项目等因素，一般为20～30d，可根据装置实际情况进行调整（表2.1）。

表2.1 典型天然气处理厂检修工期推荐表

天然气处理厂类型	推荐检修工期（d）
含脱硫/脱碳的天然气处理厂	20～30
不含脱硫/脱碳的天然气处理厂	15～25
轻烃回收处理厂	17～30

3 检修准备

检修准备是指全面统筹考虑检修过程的各个方面，提前部署规划装置检修各项准备工作。应成立检修组织机构，统一协调检修人员、物资、机具、技术文件的准备工作，确保系统性检修顺利实施。

3.1 检修组织机构

为了保质、保量、安全、圆满地完成装置检修任务，天然气处理厂应成立检修领导小组，下设若干专业组，专业组业务范围需包含现场调度、技术质量管理、开停工、启动前安全检查、安全环保、物资供应、应急处置、后勤保障等。

3.1.1 领导小组

检修领导小组主要负责整个检修的组织协调工作；指导监督各专业小组工作；对各专业小组上报的重大事项进行评审、解决或决定；负责检修活动的评价；组长应由天然气处理厂主要领导担任。

3.1.2 专业组

各天然气处理厂检修专业组职责范围包括但不限于以下内容：

3.1.2.1 现场调度

协调开停工过程上下游气量的调配；负责检修期间各检修队伍的协调；负责检修车辆的现场调度；组织召开检修现场协调会，安排、掌握检修进度，收集检修现场问题并协调解决。

3.1.2.2 技术质量

负责检修项目技术指导工作；组织编写、上报、审查、印制、发放检修方案/检修作业指导书；负责组织相关人员对检修过程中的技术问题进行分析，实施方案审查；负责主要工艺设备内外部全面检查；负责施工过程中的质量监督；负责检修项目的质量验收；编制检修总结；负责检修有关技术资料的收集和汇总、竣工资料的编制工作。

3.1.2.3 开停工

组织开展开停工方案的培训；负责实施装置开停工，及时处理开停工过程中存在的异常问题，确保待检修装置的有效隔离，保障开停工工作安全、有序进行。

3.1.2.4 启动前安全检查

负责组织编制处理厂生产装置检修后启动前安全方案；组织、实施启动前安全检查；

向上级生产运行部门提交装置开工申请。

3.1.2.5 安全环保

负责检修期间的危害因素、环境因素识别及风险削减措施制定；负责审查施工作业安全环保预案；负责检修人员安全环保培训工作；参与重大检修项目作业方案制订；负责检修期间相关作业许可的办理；负责检修现场安全监督工作，纠正违章。

3.1.2.6 物资供应

负责检修物资的准备、发放及急需物资的协调，检修余料及废旧设备、材料的回收。

3.1.2.7 应急处置

负责组织现场应急处置预案培训和演练；负责检修人员的健康保护、医疗救护；负责检修期间突发事件的应急处理和应急物资的协调。

为加强检修人员相互之间的联系，应将检修负责人员联系方式公示。

3.2 检修人员准备

3.2.1 装置开停工人员

装置开停工人员应包括：天然气处理厂分管生产、安全、技术的厂领导，生产管理技术人员、相关操作人员及施工单位协助配合人员。

停工前处理厂应组织培训，培训内容为开停工方案、开停工进度安排、检修和开停工过程中的风险分析及控制措施、检修应急预案等。

3.2.2 属地监督人员

属地监督人员主要由处理厂现场技术人员、操作人员、维修人员等相关专业人员组成。在停工检修前，天然气处理厂应对属地监督人员开展培训、考核、授权。培训内容主要有：属地监督职责、七类危险作业、风险管控要点、Q/SY 1240《作业许可管理规范》等内容。

3.2.3 检修队伍

3.2.3.1 检修队伍的确定
根据检修项目选择具有相应资质的检修队伍，优先考虑具有处理厂检修经验的单位。

3.2.3.2 入厂资质审查
检修队伍需提供以下资料：企业营业执照、单位资质、认证资质、安全生产资质、安全生产从业人员资格证、人员派工单、特种作业人员操作证、专业技术资格证、硫化氢防护证、必要的HSE培训考核合格证、工伤保险交费证明、职业健康证明等，检修队伍提供的所有资料必须在有效期内。

3.2.3.3 入厂培训
检修队伍应对参加项目的所有人员就生产单位有关HSE标准及要求、规章制度、作业项目特点及潜在的危害因素、突发事故事件时的HSE防范措施及应急处理程序、防护救护设施及器材的正确使用等内容进行培训,并将培训和考试记录备案。

3.2.3.4 检修现场交底

天然气处理厂应就检修项目内容及要求与检修队伍进行现场交底并形成记录。交底内容包括:检修内容及要点,主要风险及控制措施,相关规章制度等。

3.3 检修物资准备

3.3.1 检修物资计划

按照检修方案或者检修项目表统计汇总所需物资材料,物资材料应包含:材料型号、材料尺寸、材料数量、材料应遵循的相关标准规范(对特殊材质要求须专门注明),汇总的物资材料应经上级部门审核后上报。

3.3.2 检修物资采购

检修物资的采购按照油气田公司物资采购程序执行。

3.3.3 检修物资验收

(1)物资到货后应组织收集、查验所需相关资料,对物资的外观、数量、合格证、监督检验证书、质量证明书、材料型号、尺寸、标准进行验收,填写验收记录。
(2)对需要试压的设备和阀门,应按试压标准执行并查验试压报告。
(3)对需要材质检测的管道、管件,应查验材质检测报告。
(4)对需要安装调试验收的设备由处理厂组织检修队伍、供货厂商进行调试验收。

3.4 检修机具准备

天然气处理厂主要检修机具包括:起重机械、焊机、高压清管机、清洗机、气动扳手、液压扳手、扭力扳手、安全阀校验设备、试压检测设备、活塞式压力器、手持电动工具等设备。必要时配备以下检测设备:X射线探伤机、超声波检测仪、热处理设备、涡流检测仪、内窥镜检测仪、红外线成像仪、分析仪器等。

检修机具应申报检修机具清单,清单中应包括检修机具名称、规格型号、出厂编号、生产日期、生产厂家、检验有效期限等内容,清单中的机具必须验收合格。起重机械、场内机动车辆等特种设备及安全附件、分析仪器等必须提供国家或行业规定的定期检测报告。处理厂根据申报机具清单,组织相关专业人员检查,并进行目视化标识。

3.5 检修技术文件准备

检修前应准备相关检修技术文件,主要包含:检修作业指导书/检修方案、项目实施表、开停工方案、项目设计文件、工艺与设备变更资料、施工组织设计、重点项目施工方案、检修 HSE 方案/专篇、检修记录等。

各单位可根据管理要求对技术文件进行结构调整或整合。

3.5.1 检修作业指导书/检修方案

检修作业指导书/检修方案是检修的指导性文件，应包括以下内容：检修组织机构、开停工方案及进度安排、停工检修进度安排表、重（难）点项目施工进度表、遵循的主要技术规范、检修项目验收、物资管理、竣工资料搜集归档、装置开停车及检修过程风险分析及消减措施、安全预案、装置检修现场 HSE 监督管理以及检修过程中环境因素、危险源的识别、风险评价及防范措施等，具体编制内容见附录 B "检修作业指导书"。

3.5.2 检修项目实施表

按照要求编制检修项目实施表，应包含项目名称、操作条件（介质、温度、压力）、检修材料名称及规格型号、单位、数量、检修内容、验收标准、检修单位、项目负责人、施工负责人、安全提示等。

3.5.3 停工方案

停工方案主要包括停工准备、停工进度安排、停工过程质量安全指标、装置停工方案等内容，具体按照附录 B.4 "停工方案"进行编制。

3.5.4 开工方案

开工方案主要包括开工准备、开工进度控制、开工解锁、各单元开工方案等内容，具体按照附录 B.5 "开工方案"进行编制。

3.5.5 技术改造项目设计文件

天然气处理厂根据确定的检修项目计划，应选择具备资质的设计单位对技术改造项目进行设计。

3.5.6 工艺与设备变更资料

天然气处理厂在编制检修项目前，根据装置实际情况，对涉及工艺技术、设备设施、工艺参数等超出现有设计范围的改变，应进行变更申请，变更应充分考虑健康安全环境的影响并审核是否需要工艺危害分析，根据变更管理的分级原则，上报相关部门审批后执行。

完成工艺变更的工艺、设备在运行前，对变更影响和涉及的人员进行培训，变更实施完成后，应对变更是否符合规定内容，以及是否达到预期目的进行验证，提交工艺和设备变更结束报告。通过对变更的规范化管理，可以控制变更风险，防范事故发生。工艺与设备的变更应遵循 Q/SY 1237《工艺和设备变更管理规范》的相关要求。

3.5.7 施工组织设计

检修队伍根据承揽的项目编制相应的施工组织设计，交由天然气处理厂审批后实施，并对施工人员进行施工组织设计培训。施工组织设计应包含：工程概况、施工准备情况、施工进度计划、施工总体部署、劳动力和施工机具以及主要材料工艺计划、施工技术要求、施工技术措施、施工进度保障措施、HSE 作业计划书等。

3.5.8 重点项目施工方案

针对检修中存在较大安全风险、工程施工复杂、对检修工期影响较大的塔罐、重要动设备、锅炉、控制系统、主要仪表电缆更换、高低压电气控制柜等检修项目，应编制重点项目施工方案，包含：项目概况、编制依据、组织机构及职责、施工技术方案、施工进度控制、资源配置、施工质量控制、HSE 管理、应急管理等方面。

3.5.9 检修 HSE 方案

天然气处理厂应根据装置和检修项目特点，识别评价检修存在的风险，编制检修 HSE 方案，方案应包含：检修危害因素识别及风险控制、管理要求、应急处置、防疫管控等方面。

3.5.10 其他

根据天然气处理厂管理需要，将上述分类未完全涵盖的技术文件纳入检修技术文件。

3.6 分列装置检修准备

天然气处理厂开展分列装置检修时，检修装置与生产装置应警戒隔离，禁止无关人员进入生产装置，使检修与生产互不影响。

主体装置分列检修必须对工艺介质采用盲板进行有效的能量隔离和上锁挂牌，主要是隔离原料气、产品气、凝析油、轻烃、酸气、尾气、蒸汽、凝结水、燃料气、氮气、仪表风、除盐水、除氧水、循环水及单套装置放空管线等需要隔离的介质。

分列装置停工后，应对用电设施采取断电、放电等电气隔离措施。

4 检修实施管理

为保证检修安全、环保、优质、高效进行，应做好停工与检修、检修与开工间的界面交接以及检修的全过程受控管理，充分识别检修过程的QHSE风险，制定切实可行的控制措施，提升检修现场的规范化管理，加强检修质量管控。

4.1 装置停工管理

4.1.1 停工条件

4.1.1.1 检修人员
（1）确认完成装置停工人员的准备和培训。
（2）确认检修队伍到场时间及任务要求。同时，检修队伍确定施工人员和辅助用工人员，检修人员参加入场安全教育培训并考核合格。

4.1.1.2 检修机具
确认所需检修机具、设备完成维护试运。

4.1.1.3 检修物资
（1）确认检修物资到货并验收合格。
（2）针对未及时到达现场的物资材料，应确认到达时间，评估对检修进程的影响，制定控制措施。

4.1.1.4 检修技术资料
确认检修技术文件完成审核、印刷。

4.1.1.5 检修其他保障
（1）确认停工操作中需要的临时操作平台搭设规范。
（2）确认夜间操作和监护需要设置的现场临时照明完好备用。
（3）确认设备、管线、钢结构、设备基础等外表完好，并进行必要的隔离措施。
（4）确认检修期间的现场医疗救护人员和车辆，救护器材和药品准备充分。
（5）确认消防设施完好备用或消防力量准备充分。
（6）联系地方特种设备检验机构、环保、供电、供水等其他可能需要参与的部门，通报天然气处理厂停工检修安排，协调落实配合检修的各项工作。

4.1.2 停工程序

根据停工条件确认情况，天然气处理厂按照审批的计划停工时间，依据天然气处理厂装置检修总体安排要求对停工、检修的进度进行控制。

天然气处理厂根据装置工艺特点参照附录B.4.2组织实施停工作业。

4.1.3 停工界面交接

4.1.3.1 界面交接重点

停工界面交接重点是进行能量隔离，其中包括工艺隔离和电气隔离。

（1）工艺隔离、锁定。

天然气处理厂停工工作完成后，应对涉及的主体装置、公用工程、辅助生产设施的工艺介质进行盲板隔离和上锁锁定。针对具体检修项目的工艺隔离应按照作业许可的要求编制工艺能量隔离方案。

根据天然气处理厂能量隔离管理规定和作业锁定管理规定，应编制天然气处理厂装置盲板倒换确认表（附表A.1）和天然气处理厂装置阀门锁定确认表（附表A.2）。

（2）电气隔离、锁定。

天然气处理厂停工工作完成后，工艺技术人员应及时到电站对所有动设备进行停电申请，电气人员按照停电申请单的要求实施停电作业，并建立动设备停送电确认表（附表A.3）。

检修停电期间需对电气进行有效的隔离，具体方式如下：

①全站停电：对进线隔离开关和接地刀闸进行上锁挂牌。

②单段母线停电：对母联开关柜（或退出母联开关）、本段进线隔离开关和接地刀闸进行上锁挂牌；根据各单位实际情况对高压开关柜柜门或者轨道进行上锁挂牌，若无法进行锁定，退出隔离手车，取出操合闸保险，并挂牌。

③低压部分停电：对抽屉柜、断路器进行上锁挂牌。

4.1.3.2 界面交接条件

应建立、完善检修作业条件确认制度和天然气处理厂再确认制度，确保界面交接过程受控。

停工到检修界面的交接条件包括以下要求：

（1）检修装置泄压完成、工艺介质已排尽。

（2）检修装置置换吹扫合格。

（3）检修装置、设备已有效与系统断开并上锁挂牌。

（4）检修装置、设备电源已切断并上锁挂牌。

（5）风向标、逃生通道、消防器具等安全设施已设置。

（6）已按规定办理作业许可。

（7）检修队伍人员资质及机具合格。

（8）已制定安全防护措施。

4.1.3.3 界面交接要求

天然气处理厂与检修队伍在装置现场按照界面交接条件，共同对停工情况进行确认，经检修领导小组负责人审批后，装置由停工界面转入检修界面，停工交付检修界面必须受控管理，双方应填写停工到检修界面确认表（附表A.4），并在现场公示。

4.2 检修过程管理

4.2.1 检修进度管理

（1）检修领导小组做好检修过程合理的时间安排。
（2）重点项目落实专人负责，逐日跟踪，了解关键控制点，及时汇报项目进展情况。
（3）定期召开检修现场协调会，汇报检修情况。包括：检修进度、工作安排、HSE监督情况、协调解决检修存在的各种问题等。

4.2.2 检修现场规范化

4.2.2.1 检修目视化管理

根据检修现场需要设置检修的目视化，主要检修目视化有：作业区域、电气设施、阀门检修、现场医疗、气瓶标识等，具体可参见 Q/SY XN 0395《天然气处理厂检修现场管理规范》。

4.2.2.2 检修展板规范化管理

天然气处理厂设置检修现场公示牌，宜包含以下内容，具体可参见 Q/SY XN 0395《天然气处理厂检修现场管理规范》。
（1）装置检修安全管理公示。
（2）装置检修开停工关键操作公示（附表 A.8）。
（3）装置开停工检修进度公示。
（4）装置检修动态公示（包含倒盲板、阀门锁定、设备停送电状态等）。
（5）检修队伍管理公示。

4.2.2.3 物资规范化管理

天然气处理厂、检修队伍应做好检修物资验收、领用、确认及余料回收：
（1）检修设备材料按规定验收合格。
（2）按程序领用检修物资材料。
（3）作业前，检修队伍、天然气处理厂共同对检修材料进行确认。
（4）检修项目完成后，检修队伍配合天然气处理厂完成检修余料的回收。
（5）检修现场临时料棚应规范、整齐，并张贴标识。

4.2.2.4 机具规范化管理

（1）检修队伍应提供参检机具清单，确保机具完好，并报天然气处理厂检查。
（2）天然气处理厂应组织对入场施工机具数量、质量进行检查确认。

4.3 检修质量管理

为确保检修质量，天然气处理厂应建立检修质量管理组，明确职责分工，建立工作机制和工作程序，切实做好检修物资验收、重点检修工序质量验收、检修效果评价等工作。

装置检修的各项物资进场验收和重点工序质量验收应实行签字责任制和质量追溯制，将质量与责任挂钩，检修中或检修后出现的质量问题应进行追踪考核。

对于检修施工的重点工序，应安排专人负责，制定相应的质量验收表单，采取专业的检测手段进行质量检测、验收，并在质量验收表单上签字确认。对于验收不合格的，必须监督作业队伍进行返工。

根据不同检修项目与检修队伍在合同中约定设备检修保证期。在保证期内因检修质量导致设备故障或事故应由检修队伍负责处理并承担相应损失。

4.3.1 施工质量管理

施工过程的质量应遵循相应的施工标准规范，满足天然气处理厂质量验收要求，具体内容见技术篇。

4.3.2 检修质量验收管理

装置检修的质量验收，应遵循国家、行业和股份公司发布的规范、规定和规程要求组织进行。对于已发布规范、规定、规程未涵盖的和不适应现场实际情况的，各油田公司根据实际需要制定适合的质量验收标准。

4.3.2.1 检修队伍质量验收

施工人员按照质量验收标准进行检查。对技术改造等重点施工项目和需要定期检验的压力容器和管道，可通过磁粉检测、涡流检测、渗透检测、微波检测等方式检查设备表面缺陷；可通过超声波测厚、射线检测、声发射、泄漏检测、光全息照相、红外热成像、微波检测等方式检查设备内部缺陷。

4.3.2.2 天然气处理厂质量验收

由天然气处理厂对检修队伍的技术资料进行检查，抽检资料与实际施工的一致性，并作出质量验收结论。

4.3.2.3 厂处级检修质量验收

厂处级检修质量验收是天然气处理厂质量验收合格后，在开工前对装置所进行的检修质量验收。

检修质量验收由厂处级组织相关单位共同进行，宜采用单机试运、仪表调试、泄漏性试验、装置联运的方式检测装置检修质量，形成验收文件。

4.4 装置开工管理

4.4.1 开工界面交接

4.4.1.1 界面交接条件

应建立、完善开工作业条件确认制度，确保检修到开工界面的受控，检修到开工界面的交接条件应满足以下要求：

（1）检修作业许可已关闭。
（2）检修中需进行检测或试验的项目已完成。
（3）检修项目已完成，并验收合格。
（4）检修现场工器具、材料余料已完成清理。
（5）检修现场除开工需要的临时设施已全部拆除。
（6）进出装置应急通道畅通。

4.4.1.2 界面交接

检修队伍与天然气处理厂在装置现场根据界面交接条件，按照开工顺序分单元进行界面交接，共同对检修情况进行确认，经检修领导小组负责人审批后，装置由检修界面转入开工界面。检修交付开工界面必须受控管理，双方应填写检修到开工界面检查确认表（附表 A.5），并在现场公示。

4.4.2 开工程序

根据开工界面交接情况，天然气处理厂按照审批的计划开工时间，依据天然气处理厂装置检修总体安排要求对开工的进度进行控制。

由天然气处理厂按照附录 B.5"开工方案"组织实施开工工作。

4.4.3 开工条件

4.4.3.1 启动前安全检查

开工界面交接完成后，进入开工阶段，天然气处理厂应成立启动前安全检查（以下简称 PSSR）小组，确定 PSSR 负责人和小组成员，按照检查总表和分表（附表 A.6、附表 A.7）进行 PSSR，并根据检修规模和进度，可分阶段、分单元、分专项实施 PSSR。小组成员可由工艺、设备、电气、仪表、安全、环保等专业及主要操作人员组成。必要时，可包括检修队伍及具有特定知识和经验的外部专家等。具体按照 Q/SY 1245《启动前安全检查管理规范》执行。

4.4.3.2 隔离解除

开工过程的隔离解除应按照开工步骤逐步解除隔离，包括解锁阀门、倒换盲板，并填写作业记录单。

4.4.3.3 试生产要求

投料试生产后，产出合格产品连续运行 72h，为开工成功。在试生产期间，应对检修或更换后的重要设备、仪器仪表增加巡检频率，提高巡检质量；重点监控产品质量、废水废气排放指标，优化装置操作参数。同时，在试生产期间，检修队伍应安排充足的保运人员，对生产中发现的各类隐患及时进行整改，确保装置检修后达到长周期安全平稳的目的。

4.5 检修安全管理

4.5.1 危害识别及控制措施

检修项目开始前应遵照《集团公司生产安全风险防控管理办法》的相关规定，结合检修内容、装置工艺流程、检修流程、施工网络及项目进度对检修项目进行风险辨识，分析出检修不同阶段的主要风险，并给出建议措施，内容应涵盖影响质量、职业健康、安全、环保、节能等方面的危害因素。具体按照附录 B.6"危害识别及控制措施"进行编写。

4.5.2 安全管理要求

检修安全管理要求是检修过程实施过程中的员工必须遵守执行的安全管理规定，内容应涵盖作业前的要求、作业过程安全要求、作业许可管理、环保监测管理等方面，具体按照附录 B.7"安全管理要求"进行编写。

4.6 检修环保管理

检修前要组织人员对检修施工过程中可能出现对环境造成影响的因素进行识别、评价和管理，内容应涵盖开停工危害因素识别及控制措施、检修过程危害因素识别及控制措施、作业许可管理、安防器材管理等方面，具体按照附录 B.8"检修环保管理"进行编写。

4.7 其他管理内容

4.7.1 检修职业健康管理

4.7.1.1 医疗管理
（1）天然气处理厂落实医疗机构、医护人员、药品、器械、车辆等。
（2）天然气处理厂落实医疗急救预案，并组织相关人员培训。

4.7.1.2 后勤管理
（1）天然气处理厂落实防暑降温、防冻防寒保障措施。
（2）对进出人员登记管理，防止无关人员进入检修现场。
（3）天然气处理厂安排夜间值班和巡逻，确保施工机具、材料安全。

4.7.1.3 劳动保护管理
（1）进入检修现场人员应正确佩戴安全帽、工作服等必要的劳动防护用品，劳动保护用品应符合 GB/T 39800.1《个体防护装备配备规范》的要求。

（2）电工、电焊工应穿符合 GB 21148《足部防护 安全鞋》规定的绝缘皮鞋。
（3）焊工应佩戴符合作业要求的防护面罩或护目镜，并穿防护服。
（4）架子工应穿软底防滑鞋，穿"三紧"（领口、袖口、腰口）工作服。

4.7.1.4 射线探伤管理

（1）在检修协调会通报射线探伤计划，明确探伤作业时间、地点、射线类型、相关人员职责及联系方式。
（2）天然气处理厂下达射线探伤通知，作业前清场。
（3）射线探伤作业区域设置警戒线和公示牌。
（4）设置专人监督。

4.7.2 检修安保管理

（1）由安全保卫人员进行巡逻守护。落实禁烟防火巡查，对进出人员、车辆登记管理，入厂车辆必须安装防火帽。
（2）加强辅助用工管理。检修队伍人员必须持天然气处理厂颁发的出入证方可入厂。
（3）天然气处理厂各岗点值班人员要坚守岗位，负责守护好本岗点的物资器材。
（4）监督保卫人员要经常进入现场检查指导守护人员的工作，纠正违章行为，及时处理有关安保问题。

4.7.3 检修消防管理

（1）检查消防设备设施，确保完好备用，及时维修和补充消防器材，保障检修期间消防安全。
（2）检查消防逃生通道、逃生门，确保通畅。
（3）在消防系统进行检修时，必须配置临时消防力量。

4.7.4 检修应急管理

天然气处理厂应成立应急处置机构，负责领导检修现场应急管理工作，包括组织编制发布现场应急处置预案，落实应急所需人员和物资，组织检修前现场应急处置预案培训和演练，重点开展受限空间、动火作业、高处作业的培训和应急演练，下达现场应急处置预案的启动和解除指令，指挥实施现场应急处置工作。

应急处置机构负责人负责组织开展应急工作。发生突发事件时，由其负责人组织指挥现场应急处置工作，协调和调动应急资源，组织和参与应急处置工作，收集应急处置过程资料，编制应急工作总结。

4.7.5 检修监督管理

属地监督应参与工作界面交接和现场安全技术交底、负责开工条件确认，严格履行属地监督职责。

天然气处理厂检修安全环保组组织参检队伍开展联合监督检查，对检修现场各环节

QHSE 管理执行情况进行监督指导，对发现的问题应通过现场公告、会议通报等形式进行纠正和曝光。严格制止现场"三违"（违章指挥、违规作业、违反劳动纪律）行为，并及时跟踪、督导发现问题的整改。

5 检修总结及考核

5.1 检修技术总结

装置进气恢复正常生产后，天然气处理厂应编制并上报装置检修总结。

检修总结应准确、翔实、全面，内容上应包括概述、检修取得的经验、检修存在的问题及改进措施、目前装置运行情况等内容，重点项目、要害环节、关键问题的内容应采用数据、图表等加以说明。

在检修过程中，应及时采取测量、测绘、拍照、摄像等方式全面收集检修资料，存入检修技术档案。

天然气处理厂应及时组织召开检修工作总结会。

5.2 检修资料归档

检修相关资料应随检修进度同步形成，及时更新设备资料，形成电子档案并随纸质档案一并归档保存。主要包括以下内容：

（1）检修过程管理和技术文件，包括检修准备阶段、检修实施、检修验收形成的文件。

（2）检修过程中工程文件，包括设计、施工、监理、监测、监督等单位的检修工程文件。

（3）检修过程中形成的其他文件。

5.3 检修考核

油气田公司应建立奖惩考核机制，推动天然气处理厂规范、安全、高效、优质地完成检修作业，并通过加强检修过程管理，提高检修效率，降低检修成本，延长装置安全平稳运行周期。

考核内容如下：

（1）管理职责履行情况。

（2）项目完成率及未完成的原因、增减项目说明、按时一次性成功恢复生产、安全环保指标、质量保证期及下一个检修周期内的检修设备运行可靠性等必要的管理指标。

（3）各装置重要参数达到相应指标，应包含产品质量指标、过程指标、换热设备效率、装置能耗等。

（4）因检修质量原因造成的装置非计划停工情况。

（5）检修资料存档情况。

附录 A 检修用表

检修用表见附表 A.1 至附表 A.8。

附表 A.1 天然气处理厂装置盲板倒换确认表

<table>
<tr><td colspan="12">××装置确认如下盲板（××只）</td></tr>
<tr><td rowspan="2">序号</td><td rowspan="2">盲板名称</td><td rowspan="2">盲板编号</td><td rowspan="2">规格</td><td rowspan="2">数量</td><td colspan="4">停工→检修 界面</td><td colspan="3">检修→开工 界面</td></tr>
<tr><td>状态</td><td>操作负责人签字</td><td>技术组签字</td><td>日期</td><td>状态</td><td>操作负责人签字</td><td>技术组签字</td><td>日期</td></tr>
<tr><td>1</td><td>原料气界区阀盲板</td><td>B-1101</td><td>10 in-600LB</td><td>1</td><td>断</td><td>张三</td><td>李四</td><td>2019.5.3</td><td>通</td><td>张三</td><td>李四</td><td>2019.6.1</td></tr>
<tr><td>2</td><td>原料气界区阀旁通阀盲板</td><td>B-1102</td><td>PN10.0MPa DN25mm</td><td>1</td><td>断</td><td>张三</td><td>李四</td><td>2019.5.3</td><td>通</td><td>张三</td><td>李四</td><td>2019.6.1</td></tr>
<tr><td>3</td><td>产品气界区阀盲板</td><td></td><td></td><td></td><td></td><td></td><td></td><td></td><td></td><td></td><td></td><td></td></tr>
<tr><td>4</td><td>开工燃料气界区阀盲板</td><td></td><td></td><td></td><td></td><td></td><td></td><td></td><td></td><td></td><td></td><td></td></tr>
<tr><td>5</td><td>燃料气界区阀盲板</td><td></td><td></td><td></td><td></td><td></td><td></td><td></td><td></td><td></td><td></td><td></td></tr>
<tr><td>6</td><td>蒸汽界区阀盲板</td><td></td><td></td><td></td><td></td><td></td><td></td><td></td><td></td><td></td><td></td><td></td></tr>
<tr><td>7</td><td>凝结水界区阀盲板</td><td></td><td></td><td></td><td></td><td></td><td></td><td></td><td></td><td></td><td></td><td></td></tr>
<tr><td>8</td><td>氮气界区阀盲板</td><td></td><td></td><td></td><td></td><td></td><td></td><td></td><td></td><td></td><td></td><td></td></tr>
<tr><td>…</td><td></td><td></td><td></td><td></td><td></td><td></td><td></td><td></td><td></td><td></td><td></td><td></td></tr>
</table>

注：各天然气处理厂根据实际情况调整填写内容。

附表 A.2 天然气处理厂装置阀门锁定确认表

序号	阀门说明	介质	规格型号	单位	数量	状态	作业人	确认人	日期
1	原料气界区阀	原料气	PN10.0MPa DN250mm	只	1	关	张三	李四	2019.6.1
2	原料气界区阀旁通阀								
3	产品气界区阀								
4	燃料气界区阀								
5	蒸汽界区阀								
6	凝结水界区阀								
7	开工燃料气界区阀								
8	氮气界区阀								
…									

附表 A.3 天然气处理厂动设备停送电确认表

序号	设备位号	设备名称	单位	数量	是否停电	停电时间	停电确认人	是否送电	送电时间	送电确认人
1	P-1201	MDEA循环泵	台	2	是	2019.5.1	张三	是	2019.6.1	张三
2	P-1301	三甘醇循环泵								
3	K-1401	主风机								
…										

附表 A.4 ××天然气处理厂××年停工到检修界面检查确认表

处理厂确认人：　　　　　　检修承包单位确认人：　　　　　　确认时间：

序号	确认内容	确认情况
一	检修准备工作确认	
1	检修技术文件已完成审批	
2	检修队伍已确定、人员到位	
3	检修物资、机具已检查验收合格	
4	相关培训及技术交底已完成	
二	检修装置确认	
5	检修装置放空、泄压、排污完成	
6	检修装置已置换吹扫合格	
7	检修装置能量隔离完成	
7.1	工艺隔离（盲板倒换、关键阀门上锁挂牌）完成	
7.2	电气隔离完成	
8	对设备、管线、电缆等设施已采取必要的保护措施	
三	安全防护措施确认	
9	便携式检测仪已校验合格	
10	消防器材已配备，且状态完好	
11	正压式空气呼吸器、半面罩已检查完毕并处于完好状态	
12	风向标完好、逃生通道畅通	
13	医疗救护设备设施已到位	

注：（1）确认情况结果，已完成划√，未完成划×。
　　（2）各天然气处理厂根据实际情况调整填写内容。

附录A 检修用表

附表 A.5 ××天然气处理厂××年检修到开工界面检查确认表

处理厂确认人：　　　　　　检修承包单位确认人：　　　　　　确认时间：

序号	确认内容	确认情况
1	检修作业许可已关闭	
2	检修中需进行检测或试验的项目已完成	
3	检修项目已完成，质量验收合格	
4	检修现场工器具、材料余料已完成清理	
5	检修现场除开工需要的临时设施已全部拆除	
6	进出装置应急通道畅通	

注：（1）确认情况结果，已完成划√，未完成划×。
　　（2）各天然气处理厂根据实际情况调整填写内容。

附表 A.6 天然气处理厂 PSSR 检查总表

单元名称		检查日期		
序号	检查内容	检查部门	检查人	检查结果
1	工器具已准备			
2	开车方案已编制，经审批后发至岗位			
3	工艺变更部分已编制技术资料，并发至岗位			
4	岗位记录、原始数据记录表格等资料已发至岗位			
5	启动前安全检查确认表已编制，并发至相关人员手中			
6	开工组织成立，职责明确，人员到位			
7	正常运行所需岗位操作人员已全部上岗			
8	化验分析人员到位			
9	设备、仪器仪表、电气等保运人员到位			
10	食宿、交通运输、物料供应人员到位			
11	治安、消防、保卫人员到位			
12	开车方案等技术资料已培训			
13	防火、防爆、防中毒、逃生通道等安全标志齐全			
14	安全、环保及应急预案已培训完毕			
15	劳保用品穿戴符合要求，安全防护器材配备到位			

续表

单元名称		检查日期		
序号	检查内容	检查部门	检查人	检查结果
16	消防、抢险、维修、逃生通道畅通			
17	安全消防器材备齐且完好			
18	应急池可随时投入使用			
19	盲板倒换和阀门锁定符合开工要求			
20	与上下游供气单位已协调就绪			
21	施工项目质量验收合格			
（1）	工艺部分			
（2）	仪器仪表部分			
（3）	电气部分			
（4）	化验部分			
22	阀门保养完毕，验收合格			
23	现场施工临时设施已拆除			
24	工完、料尽、场地清			
25	脚手架已拆除			
26	开挖的沟渠已回填			
27	防腐、绝热工作基本完成			

附表 A.7　天然气处理厂 PSSR 检查分表

单元名称		原料气预处理	检查日期	
序号	检查内容	检查部门	检查人	检查结果
1	过滤元件			
（1）	原料气过滤分离器滤芯			
2	在线分析仪表、现场仪表及化验仪器已投运			
（1）	现场仪表			
（2）	化验仪器			
3	工艺检查完成，发现的问题已经及时整改（管线、设备打开均已复位；阀门处于正确开关状态）			
4	现场主要动静设备满足投运要求			
（1）	静设备			
（2）	原料气重力分离器			
（3）	污水罐			

附录A 检修用表

续表

单元名称		原料气预处理		检查日期	
序号	检查内容		检查部门	检查人	检查结果
（4）	原料气过滤分离器				
5	仪器仪表已投运正常				
（1）	现场仪表				
①	温度计				
②	压力表				
③	液位计				
④	差压表				
⑤	流量计				
（2）	仪表逻辑控制回路				
①	进装置原料气流量控制				
②	原料气超压放空调节				
（3）	联锁阀				
①	全厂紧急停车按钮				
②	原料气进站联锁				
③	原料气超压放空联锁				
6	化验分析设备设施投运正常				
（1）	现场仪表				
①	湿式流量计				
（2）	取样口				
①	原料气取样口				
（3）	化验仪器				
①	气相色谱仪				
②	自动滴定仪				
③	分析天平				
④	数据处理机				
⑤	分光光度计				
7	装置吹扫已完成				
8	氮气置换已完成				
9	关键工艺参数在规定范围内，符合进气条件				
（1）	原料气压力为4.8~6.3MPa				
（2）	原料气流量为（150~300）×$10^4 m^3$/d				
（3）	过滤器压差≤20kPa				

31

附表 A.8 天然气处理厂开停工关键操作确认表

单元	关键操作	开始时间	完成时间	状态	操作负责人确认	技术组确认	备注
原料气预处理单元	切断原料气	2019.9.25 10:15	2019.9.25 15:15	√	张三	李四	
	切断产品气						
	氮气置换						
	空气吹扫						
脱硫脱碳单元	热循环						
	冷循环						
	…						
	氮气置换						
	空气吹扫						
…	…						
辅助单元及公用系统	火炬停运						
	硫黄成型单元停运						
	…						

注：关键操作步骤可根据本厂实际情况进行调整。

附录 B 检修作业指导书

天然气处理厂在认真总结往年装置检修经验教训的基础上，编制《天然气处理厂检修作业指导书》并报上级部门审查，经分管领导审批后执行。《天然气处理厂检修作业指导书》应包括以下内容：项目简介、检修组织机构、开停工方案及进度安排、停工检修实施项目表、停工检修进度安排表、重（难）点项目施工进度表、遵循的主要技术规范、检修项目验收、物资管理、竣工资料搜集归档、装置开停车及检修过程风险分析及消减措施、安全预案、装置检修现场 HSE 监督管理、检修过程中环境因素和危险源的识别、风险评价及防范措施等。

B.1 项目简介

项目简介主要对检修项目的时间安排、项目数量、重难点项目及检修的准备情况作简要概述，主要有以下几个方面的内容。

B.1.1 检修安排情况及最终确定时间

根据××天然气处理厂检修计划安排，××年度装置检修的计划停工时间为××年××月××日××时××分，计划停工××天。

B.1.2 检修重点项目

××年的检修工作，主要是涉及××工程、常规的××设备清洗检查。

B.1.3 检修的特点

检修安排在××月××日至××月××日，检修的特点主要是……要求施工单位制定详细的工作计划。

B.1.4 检修的准备情况

根据检修项目实施作业计划，共停工检修项目××项（未含增补项目），检修材料已落实；停工检修期间，需要配备××辆××吨货车，××辆吊车，××辆救护车。

B.1.5 参检单位落实情况

施工项目参检单位主要有：××单位、××单位、××单位……参检单位已办理入场相关手续。

B.2 组织机构

为了保质、保量、安全、圆满地完成装置检修任务，天然气处理厂应成立××年检修领导小组，检修领导小组通常下设九个专业组，即：现场调度组、技术质量组、启动前安全检查组、安全环保组、物资供应组、后勤服务组、保卫组、宣传报道组、财务核算组，主要负责整个检修的组织、指挥和协调工作，并明确各专业组的具体职责。

B.2.1 领导小组

组　　长：分管领导。

副组长：其他厂领导。

成　　员：部门负责人和直属管理人员。

领导小组职责：负责检修工作的计划、组织、协调等；指导各专业小组工作；对各专业小组上报的重大事项进行评审、解决或决定；负责检修活动的评价。

B.2.2 专业组

B.2.2.1 现场调度组

组　　长：分管领导。

副组长：相关领导。

成　　员：相关部门负责人。

调度协调组职责：负责开停工期间的气量气质调配；负责检修期间各施工单位的协调工作；掌握、安排检修进度；负责运输车辆、吊车、值班车辆的现场调度、指挥；定期召开检修现场协调会，汇报当天的检修进展情况，安排次日工作，印发《检修现场协调会议纪要》；负责收集检修现场协调会议决定执行情况，并在协调会议上进行通报，整理后附在会议纪要中。

B.2.2.2 技术质量组

组　　长：分管领导。

副组长：相关领导。

成　　员：相关部门负责人及专业技术人员。

技术质量组职责：负责检修项目技术指导工作；负责组织相关人员对检修过程中的技术问题进行分析，实施方案审查；负责检修项目质量验收检查工作；负责主要工艺设备内外部全面检查；负责施工过程中的质量监督；负责检修项目的质量验收；负责检修总结；负责检修有关技术资料的收集和汇总、竣工资料的编制工作。

B.2.2.3 启动前安全检查组

组　　长：分管领导。

副组长：相关领导。

成　　员：相关部门专业技术人员和操作人员。

启动前安全检查组主要职责：负责组织编制处理厂生产装置检修后启动前安全方案；组织、实施启动前检查；向处理厂生产运行部门提交装置开车申请。

B.2.2.4　安全环保组

组　　长：分管领导。

副组长：相关领导。

成　　员：相关部门负责人及安全环保管理人员。

安全环保组职责：负责检修安全环保策划、检查等工作；负责检修期间的危险源、环境因素识别及措施制定；负责审查施工作业安全环保预案；负责外来施工人员及检修人员安全环保培训工作；参与重大检修项目作业方案制订；负责检修现场安全监督工作，纠正违章；负责检修期间有关许可证的办理；负责检修人员的健康保护、医疗救护。

B.2.2.5　物资供应组

组　　长：分管领导。

副组长：物资管理部门负责人。

成　　员：相关专业负责人、物资管理人员。

物资供应组职责：负责检修物资准备；负责检修期间物资发放；负责检修期间急需物资的组织；负责回收检修余料及废旧设备、材料。

B.2.2.6　后勤服务组

组　　长：分管领导。

副组长：后勤管理部门负责人。

成　　员：相关部门分管负责人及后勤管理人员。

后勤服务组职责：负责检修期间检修人员食宿工作；负责参检人员的饮食卫生、防暑降温等后勤保障工作。

B.2.2.7　保卫组

组　　长：分管领导。

副组长：保卫部门负责人。

成　　员：相关部门分管负责人及保卫管理人员。

保卫组职责：负责检修期间的保卫、消防工作；负责检修期间的防火、防盗等工作；负责检修期间物资、机具安全保障工作。

B.2.2.8　宣传报道组

组　　长：分管领导。

副组长：分管部门负责人。

成　　员：相关部门分管负责人及通信员。

宣传报道组职责：负责检修期间的宣传报道工作，及时报道检修中的先进事迹；组织成立突击队完成检修中的急、难、险、重任务；组织开展检修劳动竞赛。

B.2.2.9　财务核算组

组　　长：分管领导。

副组长：财务管理部门负责人。

成　员：相关部门负责人及财务管理人员。

财务核算组职责：负责检维修资金申报、费用结算等工作。

B.2.3　联系方式

为方便参加检修人员相互之间的联系，可将与检修相关负责的人员联系方式制表（附表 B.1）。

附表 B.1　联系方式表

单　位	负　责　人	办公室电话	手　机
领导小组			
现场调度组			
启动前安全检查组			
安全环保组			
技术质量组			
物资供应组			
后勤服务组			
宣传报道组			
保卫组			
财务核算组			
施工单位负责人			
其他相关人员			
…			

B.3　施工管理

施工管理主要从检修实施项目计划、施工进度安排、施工组织设计方案、检修遵循的规范、检修期间对设备的保护、检修项目的验收及物资管理方面加以明确。

B.3.1　编制装置检修项目实施作业计划

天然气处理厂根据生产装置检修项目审批计划，编制装置检修项目实施作业计划，包括封面（附图 B.1）、编制说明（附图 B.2）和装置检修项目实施作业计划表（附表 B.2）。

B.3.2　总体进度安排

为控制好施工进度，应编制停工检修施工进度总表见附表 B.3。为了控制好重难点项目顺利检修，编制重难点项目施工进度表见附表 B.4。

××天然气处理厂××年度装置检修项目实施作业计划

编 制 人：
单位负责人：
部门负责人：
批 准 人：

××年××月××日

附图 B.1　装置检修项目实施作业计划封面

编 制 说 明

本次检修项目实施作业计划共××项。其中重点项目××项，分别是：×××。装置应停工才能检修的项目××项，装置不停工可在月度检修计划安排实施的项目数：××项。

本计划由四部分组成。第一部分为第×套装置停工检修项目，第××页~第××页共××项；第二部分为第×套装置停工检修项目，第××页~第××页共××项；第三部分为公用工程及辅助生产设施停工检修项目，第××页~第××页共××项；第四部分为装置不停工检修项目，第××页~第××页共××项。

停工检修天数及时间安排：××年××月××日~××月××日，共××天。
（1）第×套装置停工检修时间：××月××日~××月××日，共××天。
（2）装置全停检修时间：××月××日~××月××日，共××天。
（3）第×套装置停工检修时间：××月××日~××月××日，共××天。
……

特种设备检修作业：
（1）全厂××只安全阀由××特检所人员来厂××次进行检验。
（2）共有××台压力容器、××台蒸汽锅炉和××米压力管道由××特检所人员来厂进行检验。
……

其他情况：
（1）……

附图 B.2　装置检修项目实施作业计划编制说明

附表 B.2 ××天然气处理厂××年装置检修项目实施作业计划表

第×部分　　　　　　　　　　　××年××月××日　　　　　　　　文档号：

序号	项目名称	操作条件 温度（℃）	操作条件 压力（MPa）	介质	检修材料名称及规格型号	单位	数量	检修内容	施工单位	项目负责人	施工负责人	安全提示	备注
	合　　计												
一	主体装置检修												
（一）	××单元检修												
1	工艺设备												
2	工艺管道												
（二）	…												
二	自控仪表检修												
三	计量设施检修												
四	安全隐患整改												
五	环保措施												
六	设备改造												
七	水、电、信检修												
（一）	供水设施检修												
（二）	供电设施检修												
（三）	通信设施检修												
八	土建检修												
九	其他												

附表 B.3　××天然气处理厂××年净化装置停工检修总体进度安排表

工序	7/10	7/11	7/12	7/13	7/14	7/15	7/16	7/17	7/18	7/19	7/20	7/21	7/22	7/23	7/24	7/25	7/26	7/27	7/28	7/29	7/30	7/31	8/1	8/2	8/3	8/4	8/5	8/6	8/7	8/8	8/9	8/10	8/11	8/12
1.过滤分离、脱硫、脱水单元停车	■	■																																
2.硫黄回收单元停车			■	■																														
3.锅炉及蒸汽系统、空气系统停车						■																												
4.氮气系统停车								■																										
5.过滤分离、脱硫、脱水单元检修										■	■	■	■	■	■	■	■	■	■	■	■	■	■	■	■									
6.硫黄回收单元改造											■	■	■	■	■	■	■	■	■	■	■	■	■	■	■									
7.消防装置检修																	■	■	■	■	■	■	■	■	■	■	■	■						
8.锅炉及蒸汽系统检修																	■	■	■	■	■	■	■	■	■	■	■	■						
9.氮气系统检修																											■							
10.循环冷却水、空气氮气系统开车																	■	■	■	■	■	■	■	■	■	■								
11.燃料气、锅炉及蒸汽系统开车																													■	■	■	■	■	
12.硫黄回收单元开车																													■	■	■	■	■	
13.脱硫、脱水单元开车																													■	■	■	■	■	

附表 B.4　××天然气处理厂××年检修重难点项目进度表

B.3.3 施工组织设计

各施工单位按检修项目编制专门的施工组织设计和安全预案，上报审批后方能实施。

B.3.4 主要技术规范

为了确保检修施工的质量，应在检修施工过程中严格按照相关技术规范进行施工和质量验收。天然气处理厂常用的检修技术规范主要有但不限于以下内容：

（1）Q/SY XN 0395《天然气处理厂检修现场管理规范》。
（2）《天然气净化厂设备维护检修规程》（西南油气田分公司—2009）。
（3）SY/T 0460《天然气净化装置设备与管道安装施工及验收规范》。
（4）SH 3501《石油化工有毒、可燃介质钢制管道工程施工及验收规范》。
（5）SY/T 0420《埋地钢质管道石油沥青防腐层技术标准》。
（6）SH/T 3022《石油化工设备和管道涂料防腐蚀设计标准》。
（7）GB 50185《工业设备及管道绝热工程施工质量验收标准》。
（8）NB/T 47013.1 至 NB/T 47013.6《承压设备无损检测》。
（9）GB/T 150《压力容器》。
（10）GB/T 151《热交换器》。
（11）NB/T 47041《塔式容器》。
（12）NB/T 47042《卧式容器》。
（13）NB/T 47003.1 至 NB/T 47003.2《钢制焊接常压容器》。
（14）GB/T 19624《在用含缺陷压力容器安全评定》。
（15）HG/T 20229《化工设备、管道防腐蚀工程施工及验收规范》。
（16）SY/T 0043《油气田地面管线和设备涂色标准》。
（17）GB 50236《现场设备、工业管道焊接工程施工及验收规范》。
（18）HG/T 20541《化学工业炉结构设计规定》。
（19）GB/T 5657《离心泵技术条件（Ⅲ类）》。
（20）NB/T 10557《板式塔内件技术规范》。
（21）GB 50093《自动化仪表工程施工及质量验收规范》。
（22）HG/T 20512《仪表配管配线设计规范》。
（23）HG/T 20513《仪表系统接地设计规范》。
（24）HG/T 20515《仪表隔离和吹洗设计规范》。
（25）GB 50150《电气装置安装工程　电气设备交接试验标准》。
（26）GB 50168《电气装置安装工程电缆线路施工及验收规范》。
（27）GB 50169《电气装置安装工程　接地装置施工及验收规范》。
（28）GB 50170《电气装置安装工程　旋转电机施工及验收规范》。
（29）GB 50171《电气装置安装工程　盘、柜及二次回路接线施工及验收规范》。
（30）GB 50254《电气装置安装工程　低压电器施工及验收规范》。

（31）JGJ 130《建筑施工扣件式钢管脚手架安全技术规范》。

（32）JGJ/T 231《建筑施工承插型盘扣式钢管脚手架安全技术标准》。

B.3.5 设备保护

检修过程中文明施工，杜绝野蛮拆装，不得随意损坏、污染设备。注意环境保护，做到工完料尽场地清。加强管理，确保管理制度、操作规程得到遵守和安全措施得到落实。在检修前由生产单位清理确定需要进行设备保护的设备、管线及护栏明细表，安排人员对其进行保护，避免在检修和清洗设备过程中污染设备和管线及破坏防腐层，可以减少清洗设备及管线产生的污水量和装置防腐面积。

设备及管线保护明细表见附表 B.5。

附表 B.5 ××天然气处理厂××年装置检修设备及管线保护明细表

序号	设备或管线位置	位号	单位	数量	防范措施及目的
1	F-1101AB/ⅠⅡ过滤器及进出口管线	F-1101AB/ⅠⅡ	台	4	
2	Ⅰ套脱硫塔底部裙座、人孔周围塔体和平台栏杆，以及原料气进口管线	C-1201Ⅰ	座	1	
…					

B.3.6 项目验收

检修项目验收过程中应明确验收的具体要求，主要内容包括以下几条：

（1）所有的检修项目都要由施工单位及技术质量组检查验收；技术复杂程度较高及较大的项目应由上级有关管理部门组织验收。

（2）检修中需进行检测或试验的项目，要求施工单位出具正规的实验报告和检测报告单。

（3）凡停工检修实施项目表中所列的项目（包括增补项目），应按照表中所列的内容实施，确保停工检修项目顺利完成。

（4）质量验收人员应严格按照检修规范的要求进行检查验收。

（5）检修项目施工完工后，施工单位应及时进行检查验收，并填写统一的装置停工检修作业项目验收单，见附表 B.6。

附表 B.6　××天然气处理厂××年装置停工检修作业项目验收单

位　号		设备或检修项目名称		检修日期	
工作温度（℃）		工作介质		工作压力（MPa）	
检修人员				技术负责人	
检修内容					
设备、管线检查情况记录					
更换材料名称		规格、型号		数量	备注
设备试车或试压记录				验收人	
施工人员自检验收		验收人：			
生产单位项目负责人验收		验收人：			
检修质量技术部门验收		验收人：			

注：（1）本表一式三份，分别由施工单位、生产单位和处理厂存档。

（2）本表由检修人员及时填写，相关验收单位负责人验收签字。

（3）设备、管线检查情况记录及更换材料要如实填写，代用材料要在备注中说明。

（6）检修项目验收结束后，由生产管理部门组织相关单位人员对检修项目施工质量进行检查评价。项目质量验收合格后，由生产单位组织启动前安全检查和开车前必要条件确认，再转入开工阶段。

B.3.7 物资管理

物资管理主要对检修物资的采购、验收、领用、代用作出相关要求。通常应做到以下几点：

（1）AQ 3009《危险场所电气防爆安全规范》。

（2）物资供应部门应严格执行物资采购和验收制度，提前做好领料、材质检查、试压及验收工作等，保证物资质量，对可能存在质量问题的，应及时提出并妥善解决。

（3）物资供应部门应严格按停工检修实施项目表上所列材料规格、型号、材质、数量等进行采购和发料，不得私自改、代材料，凡需增加或改、代材料的，应经技术负责人审批。

（4）物资供应部门要负责对停工检修期间更新改造和替换的废旧设备现场回收，对替换的废旧设备要进行登记造册，并交技术质量组进行评定；对以后可以进行修复利用的各种设备、管道及其附件，要进行清理建档。

（5）检修剩余料由物资供应部门负责回收保管，并作好登记。

B.3.8 资料管理

项目启动到项目验收结束，与项目有关的资料应由项目技术负责人收集整理，经技术质量组审核后交档案资料管理部门存档。

B.4 停工方案

停工方案主要包括停工准备、停工进度安排、停工过程质量安全指标、装置停工方案等内容。

B.4.1 停工准备

B.4.1.1 停工准备工作

装置在检修实施前应做好相应的准备工作，确保停工工作顺利进行。

（1）各溶液储罐提前清洗并制备凝结水备用。

（2）停工吹扫及安全用氮气、液氮的制备和储存。

（3）污水处理装置各储备池应提前处理至低液位。

（4）硫黄回收装置提前进行升温除硫等。

（5）对停工过程中可能用到的火炬点火系统、清管设备、清洗设备等进行必要的检修保养。

（6）根据需要对设备、管线、钢结构、设备基础等外表进行必要的包裹覆盖。

（7）保持消防通道、疏散通道畅通，不得在疏散通道上安装栅栏、堆放物品、摆放施工机具等，所有障碍物已清理。

B.4.1.2 停工进度安排

根据天然气处理厂检修时间进度安排，合理编制停工进度表，严格控制停工过程中重要步骤的时间节点。

B.4.2 停工程序

天然气处理厂包含以下单元，具体停工顺序按照以下推荐的停工程序执行，可结合实际工艺流程进行论证和调整：

（1）脱硫脱碳。
（2）脱烃（丙烷低温、节流制冷、膨胀制冷、乙二醇加注）。
（3）轻烃回收。
（4）脱水（分子筛、三甘醇）。
（5）凝析油稳定。
（6）硫黄回收。
（7）尾气处理。
（8）硫黄成型。
（9）乙二醇再生。
（10）甲醇回收。
（11）导热油炉系统。
（12）蒸汽锅炉系统。
（13）火炬及放空系统。
（14）燃料气系统。
（15）软水系统。
（16）污水处理。
（17）循环水系统。
（18）消防水。
（19）新鲜水系统。
（20）空氮系统。

其他装置根据具体情况而定。

B.4.3 停工过程质量安全指标

B.4.3.1 置换

（1）置换可燃、有毒气体应采用氮气。置换速度≤5m/s，置换合格的指标：$CH_4 < 2\%$（体积分数）、$H_2S < 15mg/m^3$；进入受限空间时，$CH_4 < 0.5\%$（体积分数）、$H_2S < 15mg/m^3$。
（2）空气置换氮气，合格指标：$O_2 > 19.5\%$（体积分数）。

B.4.3.2　降压速度

控制好降压速率；建议降压速率≤0.1MPa/min。

B.4.4　装置停工方案

根据操作规程编制详细的检修停工方案，主要包括以下内容。

B.4.4.1　脱硫脱碳

脱硫脱碳单元工艺流程如附图 B.3 所示。

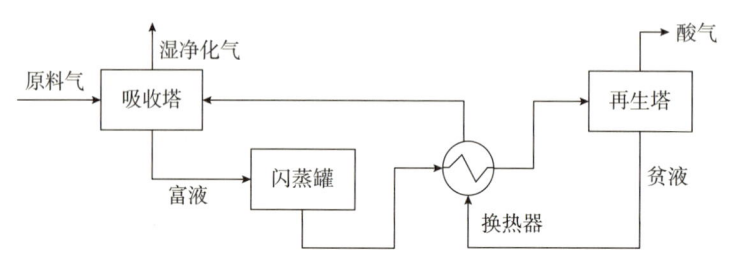

附图 B.3　脱硫脱碳单元工艺流程框图

（1）停气。

控制产品气出站调节阀，当产品气流量降低到零时关闭原料气界区阀和产品气界区阀。

（2）溶液系统热循环、冷循环及溶液回收。

溶液系统热循环、冷循环及溶液回收注意事项：

①脱硫单元溶液热循环结束的指标是溶液中 H_2S 浓度小于规定值，且贫液、富液中的 H_2S 浓度相近，不再发生变化，降温速度不大于 30℃/h，建议冷循环结束时溶液温度不高于 55℃。

②冷循环的过程中，利用系统压力提前检查、疏通脱硫脱碳、脱水单元各低位回收点，以保证溶液回收顺利进行。

③溶液回收时应首先对高、中压部分泄压，以降低操作风险。同时全过程必须有人监视各回收点、压力截断点，杜绝窜气事故发生。溶液回收宜遵循高压—中压—低压的顺序回收，一旦出现串压应及时泄压保证安全。

④溶液回收尽可能彻底，降低溶液损耗和污水量。

（3）水洗。

利用产品气进行系统建压，可采用凝结水（除氧水）或新鲜水水洗。需注意以下事项：

①水洗时间应大于一个循环周期，同时不少于 2h。

②为节约用水和水洗时间，应尽可能采取低液位大循环量的方式水洗。

（4）氮气置换：脱硫脱碳高压系统氮气置换；脱硫脱碳中低压系统氮气置换。

注意事项：

①为减少有毒有害气体的现场排放，置换气应排入放空系统。

②氮气置换合格，置换合格后应按照检修停工倒盲板作业记录单进行盲板倒换。

（5）空气吹扫：脱硫脱碳高压系统吹扫。脱硫脱碳中低压系统空气吹扫。

注意事项：

①空气吹扫时注意监控各设备及管线温度，防止 FeS 燃烧损坏设备。

②空气吹扫合格。

B.4.4.2 脱水

（1）甘醇法脱水。

甘醇法脱水工艺流程如附图 B.4 所示。

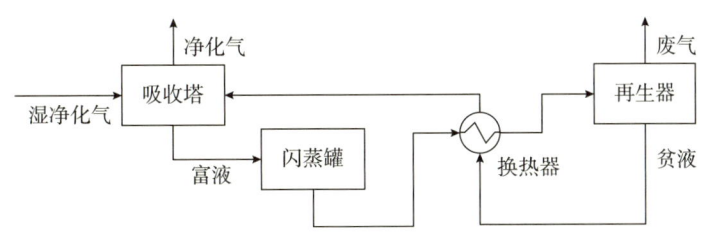

附图 B.4　甘醇法脱水工艺流程框图

①停气。

甘醇法脱水停气与脱硫脱碳单元停气同时进行。

②溶液系统冷循环及溶液回收。

溶液回收应尽可能彻底，降低污水量。

③新鲜水洗。

水洗时的注意事项与脱硫脱碳单元要求一致。

④氮气置换。

甘醇法脱水氮气置换宜与脱硫脱碳单元氮气置换同时进行。

⑤空气吹扫。

甘醇法脱水空气吹扫宜与脱硫脱碳单元空气吹扫同时进行。

（2）分子筛脱水。

分子筛脱水工艺流程如附图 B.5 所示。

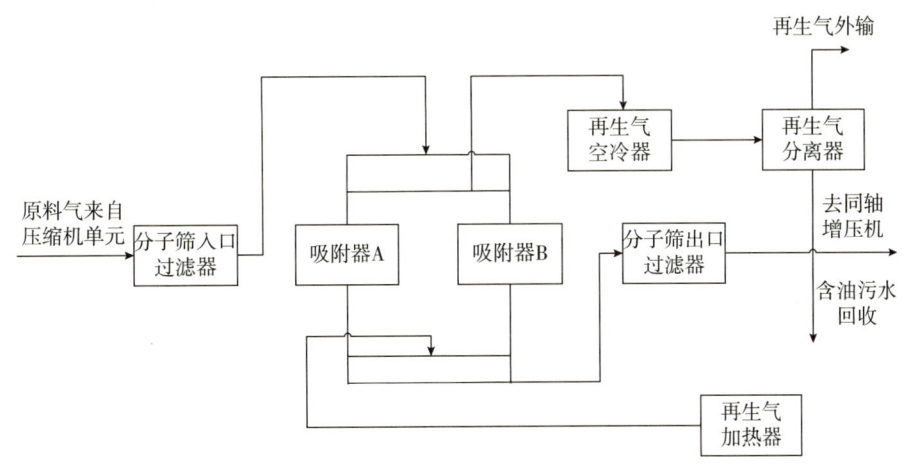

附图 B.5　分子筛脱水工艺流程框图

①程序暂停。

将两台分子筛吸附塔调至一个床层处于吸附状态，另一个床层处于冷吹结束状态（刚完成冷吹状态的分子筛吸附塔出口温度需与原料气温度相同或小于48℃）后，暂停程序进程。

②单元泄压。

停运后，按工艺流程进行泄压放空，将压力降至零。需注意以下注意事项：

a.装置泄压时，要将相应的界区阀门关闭，以防管网高压气倒流到装置中，控制好泄压时的速率，以免床层的损坏。

b.装置短期停运，可选择进行单元保压，不进行泄压操作。

c.装置长期停运或检修停运，必须进行泄压操作。

③停再生气热源。

停运再生气热源后，关闭再生气进、出口阀。

④氮气置换。

a.氮气置换合格。

b.如果需要进入分子筛吸附塔施工，还要提前进行通风或空气置换。

B.4.4.3 脱烃

（1）丙烷低温脱水脱烃。

丙烷制冷脱水脱烃工艺流程如附图B.6所示。

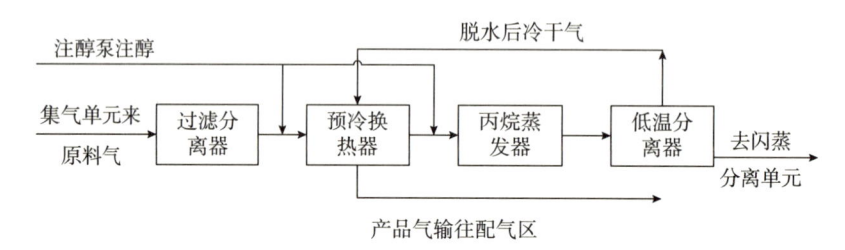

附图 B.6 丙烷制冷脱水脱烃工艺流程框图

①停运丙烷压缩机组。

对丙烷压缩机进行卸载，将负荷降至0时，按停机键停运丙烷压缩机。

②停运注醇系统。

待装置温度上升至0℃以上时，停运注醇泵。

③缓慢关闭装置进出口截断阀。

④装置区放空。

⑤低温分离器、过滤分离器排液。

a.氮气置换合格，倒盲板。

b.空气置换合格。

（2）节流制冷脱水脱烃。

节流制冷脱水脱烃工艺流程如附图B.7所示。

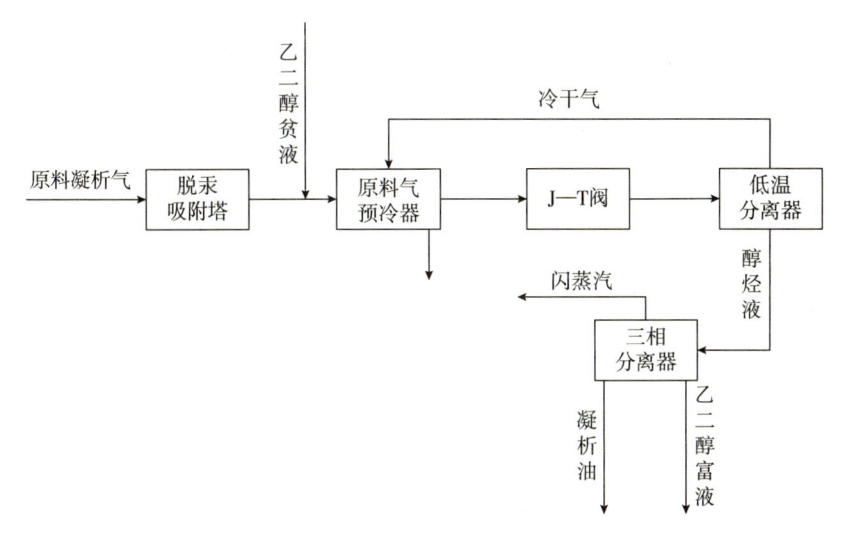

附图 B.7 节流制冷脱水脱烃工艺流程框图

① 逐步降低进气量，直至 J—T 阀完全关闭，注意控制低温分离器温度，防止温度过低。
② 停运对应注醇泵。
③ 关闭单元进出口阀门。
注意事项：对系统进行降压时，应合理控制降压速率；监控低温分离器温度变化，防止温度过低；对各分离器进行排液；当各点压力降为常压后关闭相应放空阀；氮气置换；对相关设备进行清洗；空气置换；能量隔离并上锁挂牌。

（3）膨胀制冷。

膨胀制冷脱烃工艺流程如附图 B.8 所示。

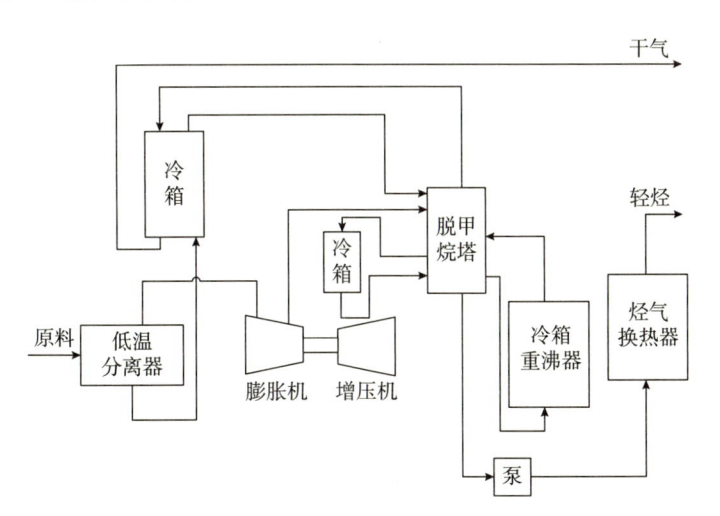

附图 B.8 膨胀制冷脱烃工艺流程框图

① 系统停运。
a. 停运前系统排污，降低储罐液位；
b. 停运膨胀制冷系统，降低 J—T 阀设定值至规定参数的同时，膨胀机主机降速停运；

c. 停运丙烷制冷系统；
d. 待脱甲烷塔塔底液位降低至泵可吸入高度，停运塔底泵。

注意事项：冬季停机应延长排污时间，防止发生管线冻堵；当膨胀机转速降至0，轴承温度降至50℃以下时，方可停运润滑油泵；膨胀机润滑油系统停运后，方可停运密封气系统；控制膨胀机降转过程中的速率，防止轴承推力过大；严格执行操作规程中规定的阀门操作顺序；冬季停运丙烷压缩机后，保证冷凝器循环水系统正常循环，避免发生换热设备冻堵；冬季停机应保证油加热器正常投用，避免因油温过低导致机组无法启动；注意观察塔液位，防止塔底泵抽空。

②单元置换。
③天然气扫线，将轻烃回收到轻烃储罐，并进行系统排污。
④氮气置换。

注意事项：尽量在天然气吹扫过程将系统存液排干净；冬季停机应防止系统发生冻堵。

B.4.4.4 轻烃回收

轻烃回收工艺流程框图如附图 B.9 所示。

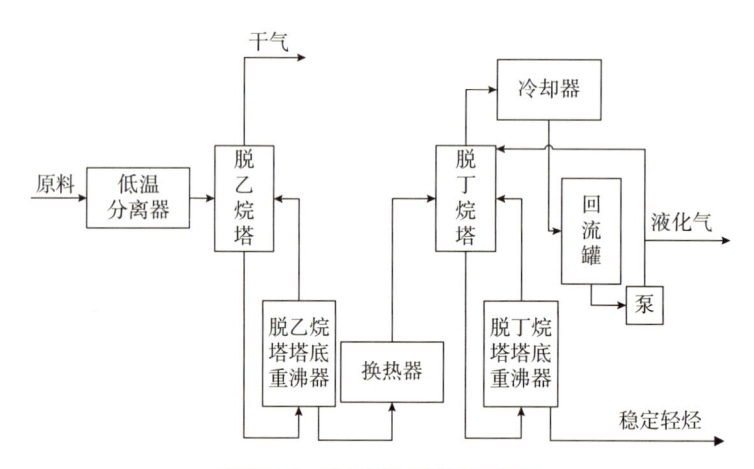

附图 B.9 轻烃回收工艺流程框图

（1）低温分离器收液。
①流程倒换。
产品合格储罐流程关闭，切换不合格罐流程。
②低温分离器压液。
将低温分离器液位降至规定值，逐渐降低进装置天然气量，将低温分离器存液尽量压尽，并关闭进装置天然气阀门。
（2）降温。
对脱乙烷塔、脱丁烷塔塔底重沸器降温，直至关闭温控阀。
（3）收液、排液。
利用压差进行逐级压液、收液。
注意：压液过程中必须关注下游压力，防止压空造成串压。

（4）泄压。

压液完成后，对低温分离器、脱乙烷塔与脱丁烷塔进行泄压，控制好降压速率。

（5）氮气置换、清洗。

氮气置换合格后，对相关设备进行清洗。

（6）空气置换。

（7）能量隔离并上锁挂牌。

B.4.4.5　凝析油稳定

凝析油稳定工艺流程框图如附图 B.10 所示。

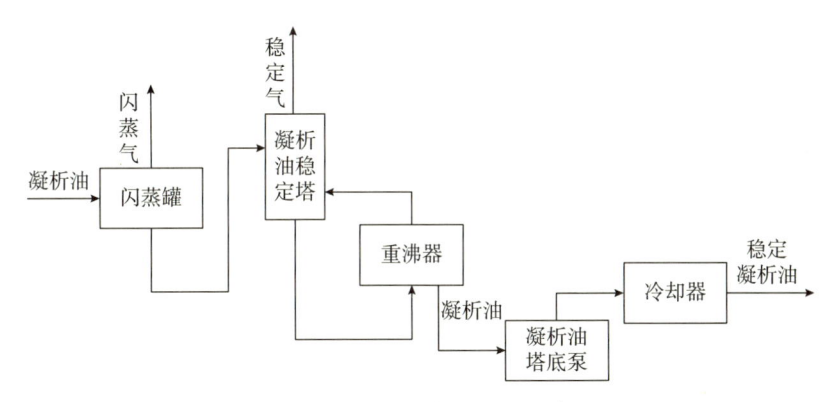

附图 B.10　凝析油稳定工艺流程框图

（1）降温。

逐步关闭导热油进出口阀门，降低凝析油稳定塔重沸器的温度。需注意以下事项：

①注意观察上下游压力变化，防止串压。

②建议凝析油稳定塔重沸器温度降至 55℃以下。

（2）泄压。

对闪蒸罐、凝析油稳定塔进行降压，控制好降压速率。

（3）收液、排液。

对单元内塔、罐、换热器等设备进行收液、排液。

（4）关闭放空阀。

当各点压力降为常压后关闭相应放空阀。

（5）氮气置换、清洗。

氮气置换合格后，对相关设备进行清洗。

（6）空气置换。

（7）能量隔离并上锁挂牌。

B.4.4.6　硫黄回收

（1）克劳斯硫黄回收。

克劳斯硫黄回收工艺流程简图如附图 B.11 所示。

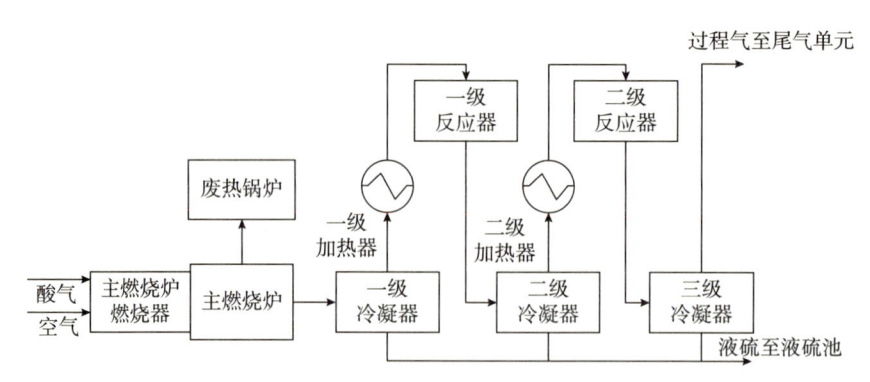

附图 B.11 克劳斯硫黄回收工艺流程简图

①酸气除硫。
②停止进酸气。
③燃料气除硫。
④装置吹扫冷却。

注意事项：在工艺许可的情况下，应尽可能将所有酸气倒入硫黄回收装置；确保回收装置有足够的除硫时间，严格按温度曲线进行温度控制和降温。

（2）直接选择氧化硫黄回收。

直接选择氧化硫黄回收工艺流程简图如附图 B.12 所示。

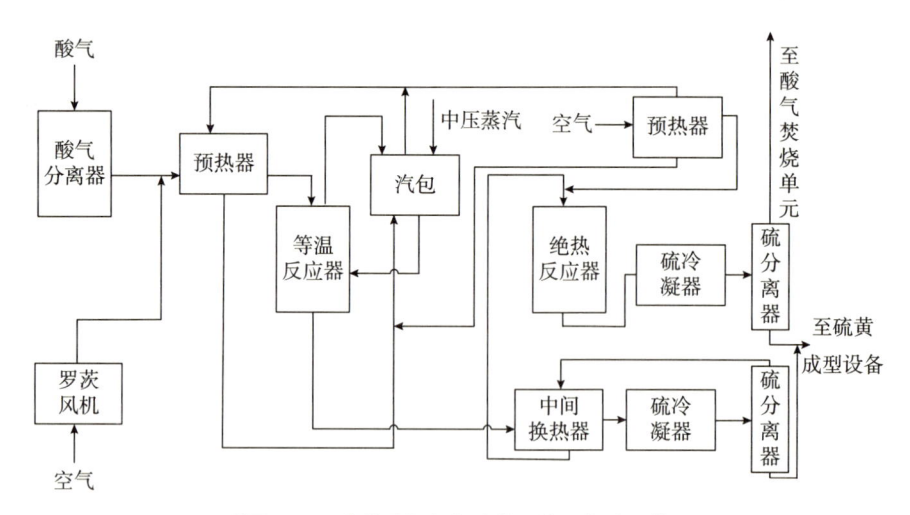

附图 B.12 直接选择氧化硫黄回收工艺流程简图

①停绝热反应器空气。
用等温反应器高温过程气对绝热反应器持续吹扫。
②停等温反应器空气。
③等温反应器酸气除硫。

利用中压锅炉给汽包供中压蒸汽，用高温酸气对系统吹扫，控制等温反应器各床层温度在 190℃以上，启动电加热器，提高绝热反应器温度至 190℃以上。

注意事项：高温酸气吹扫以硫分离器和液硫池液位无变化后至少继续吹扫4～6h为吹扫终点，避免出现催化剂硫沉积事件。

④酸气降温，停止进酸气。

停运中压锅炉，通过调整中压空冷器降低中压蒸汽温度，进而降低反应器温度。

⑤氮气置换。

将浓度大于99%的氮气（液氮）引入硫黄回收酸气管线、液硫管线进行吹扫置换并合格。

⑥停低压蒸汽，倒盲板。

⑦空气置换。

根据检修安排，打开设备前，进行空气置换并合格。

注意事项：等温反应器、绝热反应器各点温度降至常温后方可打开设备，避免催化剂硫酸盐化。

（3）液相氧化硫黄回收。

液相氧化硫黄回收工艺流程框图如附图B.13所示。

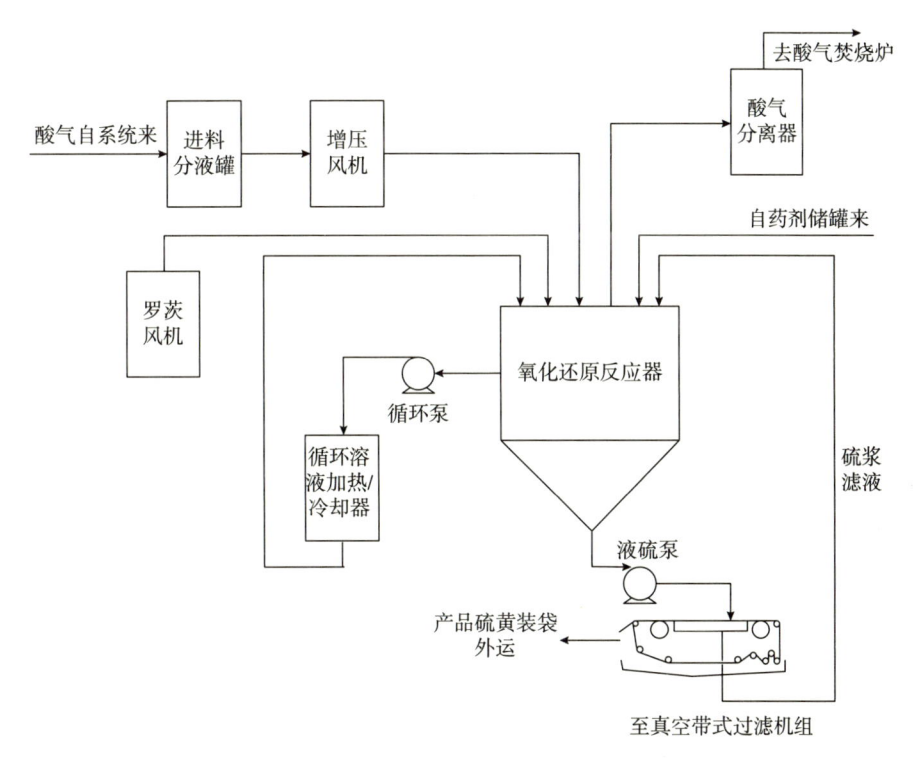

附图 B.13　液相氧化硫黄回收工艺流程框图

①停酸气。

停运酸气增压机，将酸气倒入酸气焚烧炉。

②装置热运、冷运、退液。

注意事项：

a.密切注意主反应器硫黄浓度,及时调整硫浆泵、溶液循环泵、锥体吹扫阀组的运行状态,防止硫黄沉积。

b.停车退液结束后,将溶液管线先用除盐水冲洗,再用工厂风吹扫干净,盘泵退净机泵内残留溶液,防止发生硫沉积。

③氮气置换合格,倒盲板。

④空气置换合格。

B.4.4.7 尾气处理

(1)还原吸收尾气处理。

还原吸收尾气处理装置工艺流程如附图 B.14 所示。

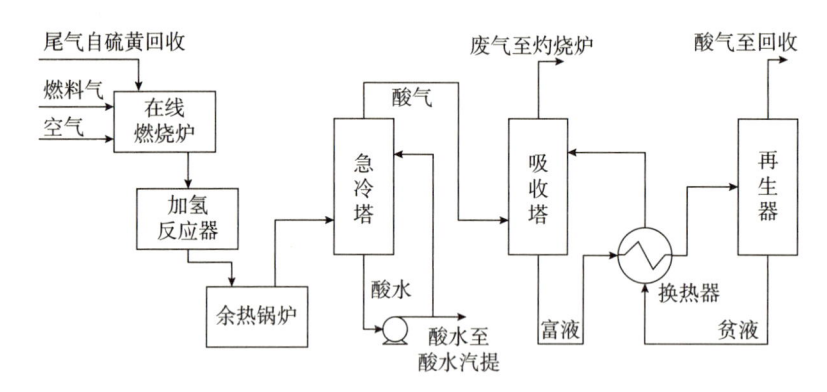

附图 B.14 还原吸收尾气处理装置工艺流程框图

①还原段停车。

停气、建立气循环、催化剂钝化操作、急冷塔新鲜水洗。

注意事项：

a.钝化操作时应注意反应器温度,防止超温。

b.钝化操作时应注意急冷塔酸水 pH 值。

②吸收再生段停车。

热循环、冷循环、回收溶液、凝结水洗、新鲜水洗、氮气置换、空气吹扫。

吸收再生段停工与脱硫脱碳单元停工方法基本一致。

③酸水汽提。

a.酸水热、冷循环,排水。

b.新鲜水洗。

c.氮气置换。

d.空气吹扫。

(2)碱洗尾气处理装置。

碱洗尾气处理装置工艺流程如附图 B.15 所示。

①缓慢关闭上游来气阀门。

②燃烧炉降温、停炉。

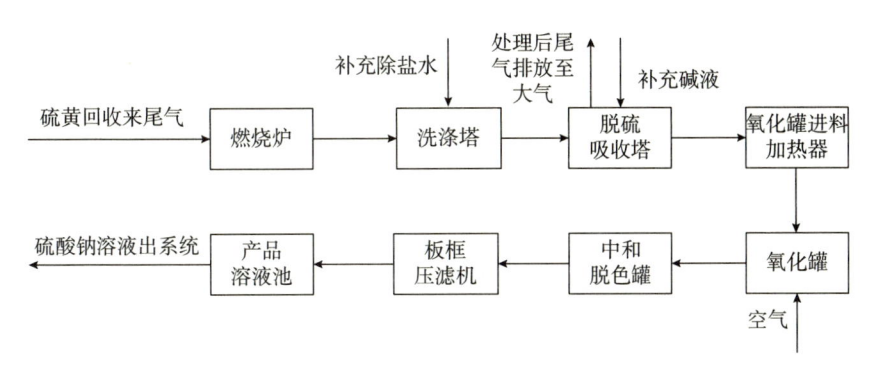

附图 B.15 碱洗尾气处理装置工艺流程框图

逐渐降低燃料气量，停运燃烧炉。
注意事项：按照降温曲线对燃烧炉进行降温，一般降温速率不大于35℃/h。
③装置退液、除盐水洗。
注意事项：除盐水建液过程中，密切监控各点液位，防止溢罐。
④氮气置换。
对燃料气流程和尾气流程等进行氮气置换，并置换合格。
注意事项：尾气流程氮气置换时取样要注意安全，置换合格的标准为检测 H_2S 浓度不大于 $15mg/m^3$。
⑤空气置换合格。

B.4.4.8　硫黄成型

硫黄成型工艺流程如附图 B.16 所示。

附图 B.16　硫黄成型工艺流程框图

（1）停运液硫泵，关闭泵出口阀门。
（2）关闭硫黄成型机进口液硫夹套阀，停运硫黄成型机。
（3）停运皮带输送机，停运自动称重包装码垛生产线。
（4）停止供给水、蒸汽、工厂风。
注意事项：检修作业前必须清扫干净现场残余硫渣，尤其是动火区域的粉状硫渣。

B.4.4.9　乙二醇再生

乙二醇再生工艺流程如附图 B.17 所示。
（1）降温。
逐步降低重沸器温度，对再生塔进行冷循环降温。
（2）泄压。
控制好降压速率，对系统进行泄压。
（3）收液、排液。
对再生塔、塔顶回流罐、重沸器等设备进行收液、排液。

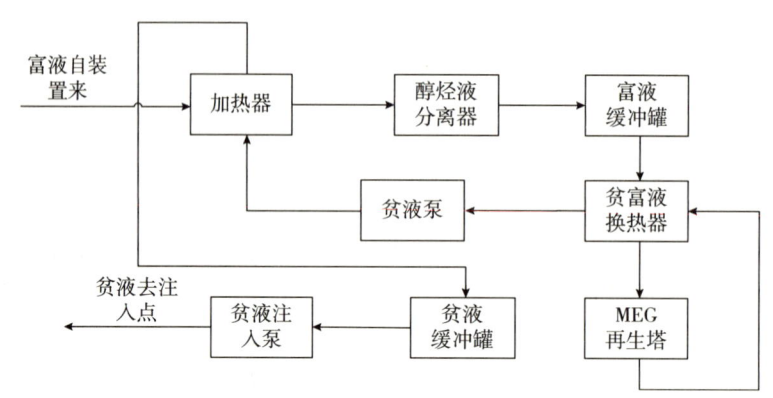

附图 B.17　乙二醇再生工艺流程框图

（4）氮气置换。

氮气置换合格后，对相关设备进行清洗。

（5）空气置换。

对需要打开的设备进行空气置换。

（6）能量隔离并上锁挂牌。

B.4.4.10　甲醇回收

甲醇回收工艺流程如附图 B.18 所示。

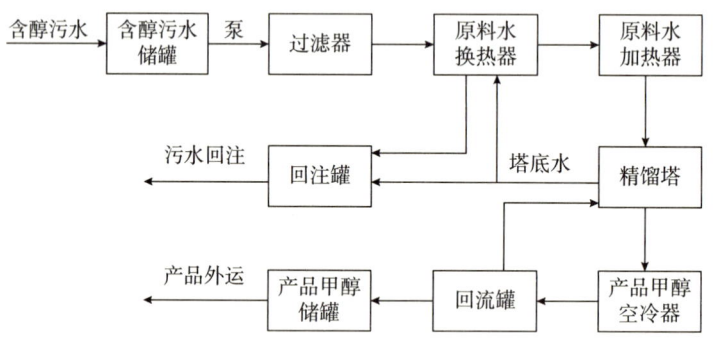

附图 B.18　甲醇回收工艺流程框图

（1）降低处理量，停止进原料水。

（2）新鲜水热运、冷运。

投运新鲜水，装置正常运行至产品甲醇含量为 0 后，转入冷运降温。

（3）停原料泵、塔底泵。

（4）放空排液。

注意事项：打开提馏塔塔顶放空阀时防止形成负压。

（5）氮气置换合格。

B.4.4.11　热力系统

（1）导热油炉系统。

导热油炉系统工艺流程如附图 B.19 所示。

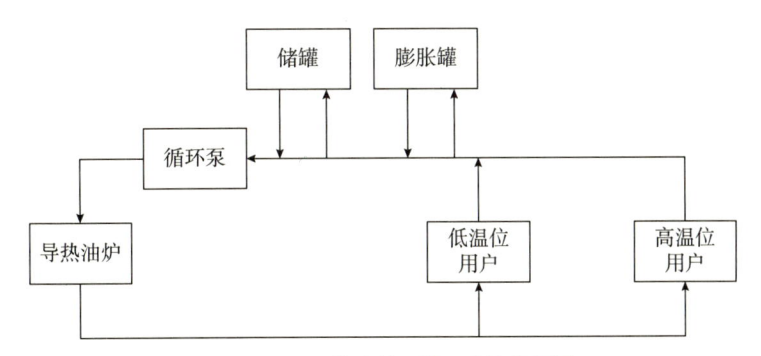

附图 B.19　导热油炉系统工艺流程框图

①关闭燃烧器，停运导热油炉。

②系统降温。

a. 燃烧器停止后循环泵继续循环。

b. 系统温度低于 55℃后，停运导热油循环泵。

c. 关闭循环泵的进出口阀。

③退油。

④氮气置换。

⑤空气置换。

⑥能量隔离并上锁挂牌。

（2）蒸汽锅炉系统。

蒸汽锅炉系统工艺流程如附图 B.20 所示。

附图 B.20　蒸汽锅炉系统工艺流程框图

①停炉。

锅炉保持正常液位，关闭锅炉燃料气阀。

②放空、泄压、降温。

关闭锅炉主蒸汽阀，对锅炉逐台放空、泄压，保持锅炉液位，进行自然冷却降温。

③排水。

a. 打开蒸汽总管的甩头，将凝结水排尽。

b. 打开凝结水管线甩头，将凝结水排尽。

c. 打开机械过滤器、软水器、软水箱的排污阀将水排尽。

d. 当除氧器、凝结水回水器中水冷却后，打开排污阀将其排尽。

e. 当锅炉炉水温度低于 70℃时，打开排污阀将水排尽。

④炉膛通风降温。

启动鼓/引风机对炉膛通风降温。

⑤停运锅炉给水泵。

B.4.4.12　火炬及放空系统

火炬及放空系统工艺流程如附图 B.21 所示。

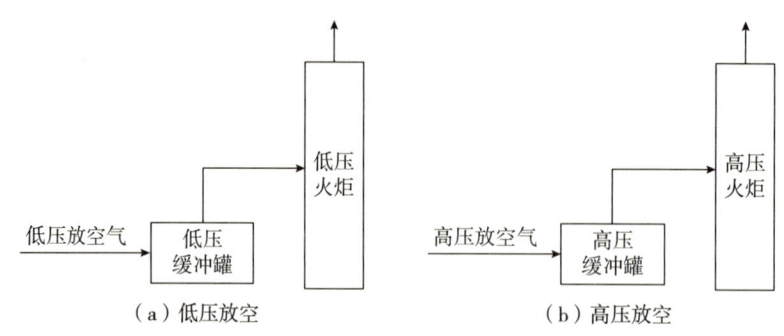

附图 B.21　火炬及放空系统工艺流程框图

（1）停运长明灯。

（2）氮气置换。

（3）空气置换。

（4）能量隔离并上锁挂牌。

B.4.4.13　燃料气系统

燃料气系统工艺流程如附图 B.22 所示。

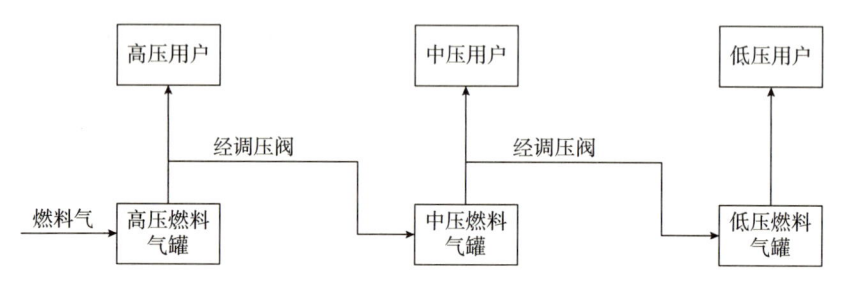

附图 B.22　燃料气系统工艺流程框图

（1）系统泄压。

（2）氮气置换。

（3）空气置换。

（4）能量隔离并上锁挂牌。

B.4.4.14　软水系统（除盐水系统）

软水系统工艺流程如附图 B.23 所示。

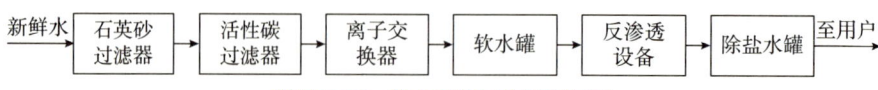

附图 B.23　软水系统工艺流程框图

（1）确认除盐水罐液位达到 90% 以上。

（2）停运 RO 反渗透装置和离子交换器。

（3）停运活性炭过滤器、石英砂过滤器。

（4）停运加药装置，关闭除盐水装置进口阀。

B.4.4.15 污水处理

根据检修安排，停运污水处理单元，对设备设施进行检修。

由于微生物养护是一个长期缓慢的过程，且处理厂装置检修会产生较多检修污水，故装置检修期间污水处理单元可采用池体切换等方式进行分段检修，不宜全停；若需对污水处理装置全停，必须详细制定微生物养护方案，同时确保污水收集池能够有效容纳主体装置产生的检修污水。

注意事项：

（1）在池体切换过程中，应认真检查和确认各阀门的通断状况，避免污水外溢事故。

（2）污水处理系统停运后，生化池将缺乏有机营养来源，需定期投加营养物质，并根据生化池水质情况进行换水。

（3）对污水处理单元及所属的坑池低洼地段进行检修作业，应认真按照有限空间作业的要求办理相关手续，加强作业过程中的通风和监护，确保安全。

B.4.4.16 循环水系统

循环水系统工艺流程如附图 B.24 所示。

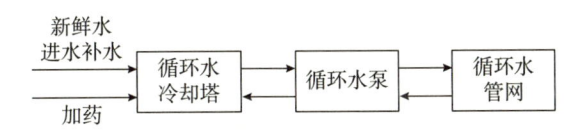

附图 B.24 循环水系统工艺流程框图

（1）停循环水泵。

（2）关闭循环水池出水阀门和回水阀门。

（3）循环水池排液。

B.4.4.17 消防水系统

消防水系统工艺流程如附图 B.25 所示。

附图 B.25 消防水系统工艺流程框图

（1）关闭消防水罐/池进出口阀门。

（2）停运消防控制系统。

（3）停运稳压泵。

（4）根据检修需要对系统进行排水。

注意事项：若停运消防系统，必须增加足够的临时消防措施。

B.4.4.18 新鲜水系统

新鲜水系统工艺流程如附图 B.26 所示。

（1）停运变频供水装置。

附图 B.26　新鲜水系统工艺流程框图

（2）关闭供水泵出口阀门。

（3）关闭水罐进出口阀门。

B.4.4.19　空氮系统

空氮站工艺流程如附图 B.27 所示。

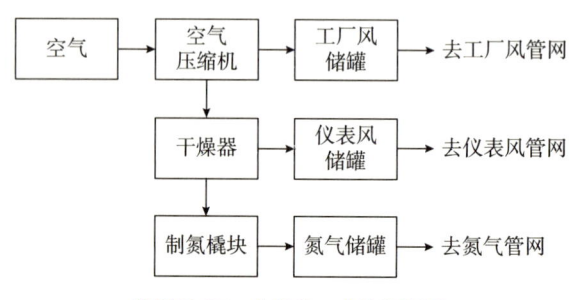

附图 B.27　空氮站工艺流程框图

（1）停运制氮装置。

（2）停运空气压缩机。

（3）停运空气干燥器。

注意事项：设备停运后断开主电源。

B.5　开工方案

开工方案主要包括开工准备、开工程序、开工过程质量安全指标、装置开工方案等内容。

B.5.1　开工准备

B.5.1.1　开工准备工作

装置检修结束后，着手开工准备工作，应确认以下几点：

（1）投产前，应组织有关职能部门、相关单位对装置全面系统地进行投产前安全审查，必改项整改完毕后签字确认。

（2）已对岗位人员进行上岗培训和安全交底工作。

（3）装置内通信、通道、通风、梯子、平台栏杆、照明和消防器具等一切安全和劳动保护设施已处于备用、完好状态。

（4）安全阀、压力表、报警仪和静电接地、连接件及静电消除器等设备安全附件完好、进入投用状态。

（5）机、泵等动设备须完成单机试运。

（6）确认各塔、容器等的人孔已封闭和隔离盲板拆装、单向阀的方向正确。吸附剂等装填完毕。

（7）凡需要投用的设备、容器、管道，必须达到安全使用条件，各铭牌证件齐全。

（8）装置生产所需要的电力、水、通信及其他外部保障供给正常可靠。

（9）对现场所有控制阀进行开关信号确认，保证所有控制阀均正常。

（10）开工所需溶剂、试剂、催化剂、活性炭、过滤元件、润滑油脂等物料已分析检查合格，并已正确安装或投加。

（11）现场下水井、地漏、明沟必须保持通畅，排污地沟进行清渣、清理，确保清污分流正常。

（12）保持消防通道、疏散通道畅通，不得在疏散通道上安装栅栏、堆放物品、摆放施工机具等，所有障碍物已清理。

B.5.1.2　开工进度安排

根据天然气处理厂开工的准备情况、开工时间要求，合理编制装置开工进度表，针对开工过程中的重点操作步骤列出时间控制节点。

B.5.2　开工程序

以下是推荐的天然气处理厂开工程序，基层单位可结合实际工艺流程进行论证和调整：

（1）新鲜水系统。
（2）消防水。
（3）循环水系统。
（4）空氮系统。
（5）污水处理。
（6）软水系统。
（7）燃料气系统。
（8）火炬及放空系统。
（9）蒸汽锅炉系统。
（10）导热油炉系统。
（11）硫黄回收。
（12）尾气处理。
（13）硫黄成型。
（14）脱硫脱碳。
（15）脱水。
（16）脱烃。
（17）轻烃回收。
（18）凝析油稳定。
（19）甲醇回收。
（20）乙二醇再生。

其他装置根据具体情况而定。

B.5.3 开工过程质量安全指标

B.5.3.1 置换

（1）处理可燃、有毒气体的天然气设备和管道，要求先用氮气置换空气。置换速度不大于5m/s，置换合格的指标为O_2不大于2%（体积分数）。

（2）天然气置换氮气，当甲烷含量达到80%时，连续监测3次，甲烷含量有增无减，置换合格（SY/T 5922《天然气管道运行规范》）。

B.5.3.2 升压速度

控制好升压速率；建议升压速率不大于0.1MPa/min。

B.5.4 装置开工方案

根据操作规程编制详细的检修开工方案，主要包括以下内容。

B.5.4.1 新鲜水系统

（1）检查水罐液位，导通工艺流程。

（2）缓慢打开变频供水设备总出水阀。

（3）确认变频装置压力正常，变频泵运行状态良好。

注意事项：确保水罐液位满足工艺指标；机泵无异响，电动机温度小于65℃。

B.5.4.2 消防水系统

（1）引水入消防水罐/池。

（2）导通工艺流程。

（3）投运消防稳压泵，向消防管网供水。

（4）投运消防控制系统。

B.5.4.3 空氮系统

（1）投运空气压缩机。

（2）投运空气干燥器。

（3）投运制氮装置。

注意事项：正常时油加至视窗的1/2～2/3之间，油不能加入过多，过多会导致干燥器携油严重；确定油温达到加载条件时才能点击加载/减荷按钮，空气压缩机加载后，观察排气温度及排气压力在正常状态。

B.5.4.4 循环水系统

（1）循环水池补水至正常液位。

（2）排气，启循环水泵。

（3）检查泵运行，控制出水、回水温度。

（4）化验，调整加药。

B.5.4.5 污水处理

（1）按照污水处理流程依次启动污水泵。

（2）启动加药装置及絮凝气浮装置。

（3）调整曝气池空气量至操作规程要求氧含量。

（4）监控保险池水质情况，满足外排指标后启动转水泵将合格外排水转至中水池，进行中水回用或根据工厂申请的外排水量进行计划性外排。

B.5.4.6　软水系统

（1）导通流程，投用石英砂过滤器、活性炭过滤器，投用加药装置。

（2）启动离子交换器、RO反渗透装置。

（3）启动软水泵，向各用水点供水。

B.5.4.7　燃料气系统

（1）导通工艺流程。

（2）氮气置换。

（3）燃料气置换氮气，当甲烷含量达到80%时，连续监测3次，甲烷含量有增无减，置换合格（SY/T 5922《天然气管道运行规范》）。

（4）对系统建压并进行泄漏性试验。

B.5.4.8　火炬及放空系统

（1）导通工艺流程。

（2）氮气置换。

（3）引入燃料气，投运气密封、长明灯。

B.5.4.9　热力系统

（1）蒸汽锅炉系统。

①锅炉水压试验。

②控制锅炉液位至开工液位，点炉，手动模式下低负荷燃烧。

③缓慢升温升压，分阶段进行热紧。

④暖管，升温速度为2~3℃/min，过热气放空。

⑤暖管完毕后，联系用汽装置供汽。

⑥打开除氧器蒸汽阀，调整除氧水氧含量至规定值。

⑦根据分析数据调整加药量。

注意事项：调整锅炉负荷，保证给水系统正常；保证暖管、并炉、送气的平稳，减少水击。

（2）导热油炉系统。

①导通工艺流程，确认氮封系统已投用。

②氮气置换。

③向系统加注导热油。

④投运导热油循环泵，系统冷循环。

⑤启动燃烧器，投运导热油炉。

升温过程中按要求进行热紧，直到热油出口温度达到生产所需温度。

注意事项：升温时密切观察燃烧器负荷，逐步缓慢升温；升温过程中注意高点排气，检查有无泄漏。

B.5.4.10 硫黄成型

（1）吹扫、试漏，检查系统保温状况。

（2）投用循环水。

（3）投运液流泵、造粒机、皮带输送机、自动称重包装码垛生产线、除尘器抽风机等设备。

（4）控制硫黄成型机的钢带和布料器速度。

B.5.4.11 脱硫脱碳

（1）氮气置换。

（2）高、中、低压系统建压检漏。

（3）新鲜水洗、凝结水（或者稀溶液）水洗。

（4）进溶液。

（5）冷热循环。

（6）进气恢复生产。

注意事项：氮气置换合格的指标为 O_2 不大于2%（体积分数）；氮气置换合格后，进行盲板倒换；水洗时活性炭过滤器宜走旁通。

B.5.4.12 脱水

（1）甘醇法脱水。

①氮气置换。

②高、中、低压系统建压检漏。

③凝结水水洗。

④进溶液，冷热循环。

⑤进气恢复生产。

注意事项：氮气置换应与脱硫脱碳单元同时进行；其他注意事项与脱硫脱碳单元一致。

（2）分子筛脱水。

①氮气置换。

②天然气置换，建压检漏。

③再生气热源温度达到正常使用要求，再生气冷却器能正常投用。

④逐步投运分子筛系统，现场依次缓慢打开再生气进、出口阀。

⑤手动控制分子筛系统完成一个吸附再生流程后，可将阀位状态根据各工况设定时间实现自动控制阀位切换。

⑥恢复生产。

注意事项：及时投用再生气系统，确保脱水后的原料气露点满足系统要求；分子筛首次投运需进行活化或再生。

B.5.4.13 脱烃

（1）丙烷低温脱水脱烃。

①氮气置换合格。

②天然气置换合格。

③升压检漏。

④投运注醇系统。
⑤投运丙烷制冷系统。
⑥进气生产。

注意事项：系统操作过程中防止高低压串压事故发生；应先导通装置区下游流程，再投运注醇流程。

（2）节流制冷脱烃。

①导通工艺流程。
②氮气置换。
③系统建压，控制建压速率，按压力梯度进行检漏。
④注意事项：建议升压速率不大于0.1MPa/min；按压力梯度进行稳压并检漏，确认无漏点，继续升压。
⑤投运醇加注系统。
⑥引原料气入系统，恢复生产。
⑦根据气量调节J—T阀开度，控制低温分离器的温度。

（3）膨胀制冷。

①单元置换。

a. 导通氮气流程。

b. 氮气置换、试漏。

c. 天然气置换，试漏。

注意事项：防止氮气窒息。

②系统投运。

a. 导通系统流程。

b. 启动天然气压缩机。

c. 投运丙烷机制冷系统。

d. 投运膨胀制冷系统。

膨胀机启机的同时，提高J—T阀设定值至规定参数。

e. 调节脱甲烷塔。

调节塔压，调节进塔介质各支路循环量，建立塔温度梯度。

f. 启动塔底泵，输至轻烃储罐。

注意事项：合理控制丙烷压缩机入口过热度；启机前丙烷压缩机载荷应控制在10%以下，加减载过程需缓慢进行；确保丙烷回油系统正常运行；膨胀机加载过程应缓慢进行，避免轴承推力过大引起停机；缓慢提高J—T阀设定值，开大膨胀机入口导向阀，降低膨胀机出口温度，温降应控制在小于10℃/h；膨胀机在密封气未投用情况下，不允许投用润滑油系统，防止润滑油进入工艺气系统；严格执行操作规程中规定的阀门操作顺序；塔底泵回流阀开度应保证最小设计流量要求；塔底泵出口阀应根据电流缓慢打开；待脱甲烷塔塔底液位建立至泵可吸入高度以上，方可启动塔底泵；根据CO_2含量调整脱烷甲烷塔出口温度，防止二氧化碳冻堵。

B.5.4.14　轻烃回收

（1）盲板倒换。

倒换进出装置界区盲板。

检查界区内各工艺管线是否畅通，盲板状态是否正常。

（2）氮气置换、吹扫。

（3）低温段干燥。

注：若采用注醇等工艺方法消除装置冰堵，可以不采用热吹扫等方法干燥。

（4）高、低压系统建压检漏。

（5）建立液面、升温、调整操作。

（6）装置投运。

B.5.4.15　凝析油稳定

（1）导通工艺流程。

（2）氮气置换。

（3）进天然气对系统建压，控制建压速率，按压力梯度进行检漏。

（4）投运凝析油闪蒸罐，注意控制闪蒸罐液位。

（5）投运凝析油稳定塔，注意控制凝析油稳定塔的压力和液位。

（6）投运稳定塔重沸器，注意控制重沸器升温速率。

（7）调整参数，恢复生产。

B.5.4.16　硫黄回收

（1）克劳斯硫黄回收。

①空气吹扫。

在停工检修后，新安装或更换过的工艺管线需要进行空气吹扫。

②试压检漏。

a. 用氮气对酸气分离器至焚烧炉的酸气及过程气设备及管道进行试压检漏。

b. 对装置生产蒸汽的设备及相关管线注水建压进行检漏。

③保温暖锅。

④点火、升温。

⑤酸气引入恢复生产。

注意事项：系统升温过程应按照燃烧炉的升温曲线进行升温；严格升温过程重点配风操作，防止开工过程催化剂床层积碳。

（2）直接氧化硫黄回收。

①空气吹扫。

在停工检修后，新安装或更换过的工艺管线需要进行空气吹扫。

②氮气置换。

用氮气对酸气及过程气用设备及管道进行置换。

③试压检漏。

分别对酸气系统、空气系统、蒸汽系统进行试压检漏。

注意事项：加强装置蒸汽和凝结水系统在升温升压过程的监控和检查，出现漏点及时整改。

④投蒸汽系统，热运。

投运低压蒸汽，硫冷凝器建液。

⑤进酸气预热。

利用中压蒸汽预热酸气，对等温反应器进行吹扫预热。

注意事项：严密监视床层温度，进空气前确认等温反应器进口温度、床层温度以及出口温度全部高于150℃后，缓慢引入空气。

⑥进空气生产。

（3）液相氧化硫黄回收。

①氮气置换合格、严密性检漏。

注意事项：氮气置换时，应注意各容器的压力，防止容器超压。

②倒盲板。

③进溶液、启鼓风机。

④装置冷运。

⑤装置热运。

⑥进酸气生产。

注意事项：分析溶液的pH值、氧化还原电极电位、铁离子浓度、硫代硫酸盐含量，确认溶液各项理化指标合格。

B.5.4.17 尾气处理

（1）还原吸收尾气处理。

①还原段。

a. 空气吹扫及泄漏试验。

b. 急冷塔新鲜水、凝结水清洗。

c. 系统升温。

②吸收再生段。

a. 新鲜水洗、凝结水水洗。

b. 氮气置换。

c. 进溶液。

d. 冷、热循环。

e. 进气恢复生产。

③酸水汽提。

a. 空气吹扫及泄漏试验。

b. 氮气置换。

c. 新鲜水洗、凝结水水洗。

d. 建立凝结水冷循环、热循环。

注意事项：吸收段氮气置换合格的指标为O_2不大于2%（体积分数）；加氢还原催化

剂的预硫化时应控制催化剂床层温度；预硫化期间应控制好急冷塔循环水的 pH 值。

（2）碱洗尾气处理。

①装置除盐水洗。

注意事项：洗涤水、碱液配置水氯离子浓度必须不大于 50mg/L。

②进溶液，溶液循环。

③烘炉、投运燃烧炉。

注意事项：按照升温曲线投运燃烧炉，一般升温速率不大于 30℃/h。

④引入硫黄回收尾气。

B.5.4.18　甲醇回收

（1）新鲜水建液。

（2）新鲜水冷运。

（3）投运供热系统。

（4）新鲜水热运。

（5）进原料水正常投运。

注意事项：若塔底水含醇量不符合标准，打回流运行，严禁进入回注系统。

B.5.4.19　乙二醇再生

（1）导通工艺流程。

（2）氮气置换。

（3）系统建液冷循环。

（4）系统升温，建立热循环。

（5）调整参数，恢复生产。

B.6　风险防控

检修项目开始前应遵照《集团公司生产安全风险防控管理办法》的相关规定，结合检修内容、装置工艺流程、检修流程、施工网络及项目进度对检修项目进行风险辨识，分析出检修不同阶段的主要风险，并给出建议措施，内容应涵盖影响质量、职业健康、安全、环保、节能等方面的危害因素。

B.6.1　检修过程危害因素识别及风险控制

B.6.1.1　高处作业

（1）主要风险分析。

高处作业如未采取有效保护措施，未搭设脚手架或搭设的脚手架不合格，上下违规抛掷物料、工具，交叉作业未设置有效隔离措施，高空物体坠落等可能造成高空坠落、物体打击等人身伤害事故。

（2）风险控制措施。

①正确使用安全带或其他防止坠落措施。

②高处作业人员严禁上下抛掷物料、工具。

③避免交叉作业，无法避免的须采取有效的安全隔离措施。

④高处作业所搭设的脚手架必须经检查验收合格、挂绿牌后方可使用，脚手架管理人员应按规定进行日常检查。

B.6.1.2 动火作业

（1）主要风险分析。

①焊接、切割、砂轮打磨作业时，因设备、管线内可能残留有易燃、易爆等危险介质，有可能发生燃烧或爆炸事故。

②焊接、切割作业产生的强烈电弧光，有可能对人员眼睛造成伤害。

③焊接、切割作业由于高温或火花飞溅，可能造成烫伤或火灾事故。

④焊接、切割作业时，气瓶爆炸。

⑤焊接、切割作业时，作业人员触电。

⑥电焊作业时，吸入粉尘可能影响身体健康。

（2）风险控制措施。

①动火前，检修队伍必须进行危害识别、编制施工方案和应急预案，并规定办理动火作业相关手续。

②作业前机具检查合格并标识，作业区域可燃物清理或采取隔离措施。

③特种作业人员应持证上岗。

④作业人员正确使用劳动防护用品，作业区域设置警戒线及标识。

⑤气瓶间的气瓶要设置防震圈以及防倾倒措施；作业现场气瓶与火源保持足够的安全距离，气瓶应采取遮阳和防倾倒措施。

⑥作业现场应准备消防灭火器材。

B.6.1.3 受限空间作业

（1）主要风险分析。

进入塔、罐、反应器、容器、坑、池等受限空间作业时，存在 H_2S 中毒、汞中毒及缺氧窒息的风险。

（2）风险控制措施。

①确认与受限空间相连的管线已隔离并上锁挂牌。

②吹扫置换或蒸煮，气体检测合格后，携带便携式检测仪方可进入作业。

③作业前，对作业人员应开展受限空间逃生及救援演练。

④进入受限空间作业，应有足够的照明，照明要符合防爆要求。

⑤作业期间应采取强制通风措施，并按照规定连续进行气体检测。

⑥作业现场设置监护人员进行全程监护，明确监护人与作业人员联络方式，监护人员不得擅自离开。

⑦进出受限空间均应清理、登记作业人员及工具，在现场设置目视化标识，注明进入时间、进入人员数量、携带工具种类和数量。

⑧空间狭小，进出不方便需系安全绳后进行作业。

⑨制订针对性的《受限空间作业应急救援方案》，要求所有参检单位在进行受限空间作业前必须学习、掌握和演练该应急救援方案。

B.6.1.4 临时用电作业

（1）主要风险分析。

检修中临时用电可能发生人员触电事故或设备损坏事故。

（2）风险控制措施。

①临时用电的安装、维修、拆除必须由持有效操作证件的专业电工进行。

②张贴醒目风险提示标识，并进行警戒隔离，同时每台配电箱建立用电回路台账清单，明细每个回路用电情况。

③临时用电设备设施应可靠接地，安装漏电保护器，设置防雨措施，防止漏电。

④用电设备应安装独立电源开关，必须实行"一机一闸"，出线回路应设置临时用电号码牌标识。

⑤不使用的用电设备要及时断开电源，每天下午下班前电工负责检查检修现场配电箱用电情况，断开未使用设备的电源。

⑥线路穿越检修通道设置防踩踏软线槽。

B.6.1.5 动土作业

（1）主要风险分析。

①可能损伤埋地工艺管线，介质泄漏，造成污染、火灾、爆炸事件。

②可能损伤埋地电力电缆，造成触电事故。

③可能造成摔伤、坠落、滑倒等伤害。

④土层垮塌造成掩埋、物体打击等伤害。

⑤如果深坑挖掘，形成受限空间，可能造成窒息事故。

（2）风险控制措施。

①作业前，应由专业人员确定埋地工艺管线、电力电缆等地下设施的走向。

②情况不明时，应采取人工开挖的方式进行动土作业。严禁使用推土机、挖掘机等机械。

③作业区域设置护栏、盖板、支撑，设置警戒线和警戒标识，设置夜间照明标识。

④如果深坑挖掘，挖出物或其他物料至少应距坑、井、沟槽边沿1m，堆积高度不超过1.5m，坡度不大于45°，坑内保持通风，防止窒息。

B.6.1.6 吊装作业

（1）主要风险分析。

①由于钢丝绳断裂或滑落，可能发生物体打击、设备损坏。

②对作业场地基础地面及地下层承载力的风险评价不当、对被吊物重量识别不当，吊车翻转，造成人员伤亡事故，损坏吊车和被吊设备。

（2）风险控制措施。

①吊装司机、起重指挥人员须持有效操作证上岗。

②需明确被吊设备的重量，不能超过额定起重量，严禁斜拉斜吊。

③起吊设备及辅助设施应检查合格。
④在起重机吊臂回转半径范围内采用警戒带或其他方式隔离，无关人员严禁入内。

B.6.1.7 管线与设备打开作业

（1）主要风险分析。

①管线与设备内的介质未排尽，可能导致人员中毒、火灾爆炸、灼伤、烫伤等事故，并且介质泄漏会影响环境。

②工具滑落，可能造成物体打击伤害事故。

③若操作气动工具时，高速旋转的工件（螺帽、螺栓/柱、接头等），可能造成机械伤害。

（2）风险控制措施。

①对作业的管线或设备隔离。

②作业场所设置警戒线、警示标识。

③应对有毒、易燃介质进行置换吹扫，高温设备与管线降温；打开排放阀，确认管线或设备中无残存介质。

④操作人员佩带好个人防护装备。

⑤选用合适的工具并正确使用，防止工具滑落。

⑥若操作气动工具时，操作人员应保持正确操作姿势，避免机械伤害。

B.6.1.8 砂轮切割打磨作业

（1）主要风险分析。

①切割打磨作业由于高温或火花飞溅，可能造成烫伤或火灾事故。

②切割打磨机漏电，可能造成触电事故。

③旋转的砂轮片爆裂，可能造成机械伤害。

④管口打磨作业时，锋利的管口可能扎手。

（2）风险控制措施。

①根据基础工作前安全分析（简称JSA），编制风险控制措施并严格执行，办理作业许可。

②作业前机具检查合格并标识，作业区域可燃物清理或采取隔离措施。

③作业人员正确使用劳动防护用品。

④检查确认砂轮切割机电源线应完好无损。

⑤若砂轮切割机需要安装或拆除临时电源时，必须由持有效操作证件的专业电工进行。

B.6.1.9 脚手架搭设作业

（1）主要风险分析。

①搭设过程中，搭设人员可能坠落造成摔伤事故。管件及扣件掉落可能造成物体打击事故。

②作业场地基础地面及地下层承载力不足，脚手架倾覆，可能造成人员伤害或邻近设备设施损坏。

③脚手架搭设，材料选择不当脚手架垮塌，可能造成人员伤害或邻近设备设施损坏。

（2）风险控制措施。

①根据基础JSA，编制风险控制措施并严格执行，办理作业许可。

②对脚手架用材及定点堆放进行入场检查，钢管、扣件材质符合要求，分类整齐摆放，扣件、跳板有序堆码。

③搭设人员须持有效操作证上岗。

④搭设人员应正确使用安全带、安全帽、防滑鞋、工具袋等装备。

⑤搭设过程中，应设置警戒线，严禁高空抛物，所有物品应使用绳索或其他传送设施传递。

⑥脚手架应规范搭设，支撑脚应可靠牢固。

⑦脚手架使用前须按照《脚手架检查清单》进行验收，验收合格后应悬挂状态标识牌；脚手架拆卸时，严禁上下同时进行。

⑧针对全装置需要，由检修队伍编制整体脚手架搭设方案。

⑨脚手架的搭设及验收按照 Q/SY 1246《脚手架作业安全管理规范》执行。

B.6.1.10　管线或设备无损检测作业

（1）主要风险分析。

①作业时，可能造成放射性辐射、电磁辐射、紫外线辐射伤害的风险。

②放射源管理不当，可能造成辐射伤害。

③作业时，有毒材料、易燃或易挥发材料、粉尘等，可能影响身体健康。

（2）风险控制措施。

①根据基础 JSA，编制风险控制措施并严格执行，办理作业许可。

②无损检测人员应持有效操作证上岗。

③作业前，应对无损检测影响范围内的人员清理、撤离，设置警戒线、警示标识。

B.6.1.11　换热器管程清洗

（1）主要风险分析。

①高压水可能造成冲击伤害。

②污水可能灼伤人员眼睛、造成环境污染。

③清管枪头滑落，可能造成物体打击伤害。

（2）风险控制措施。

①操作前，作业区域设置警戒线、警示标识。

②操作前，应确认清管机具及附属管线完好。

③操作时，严禁清洗水枪正对人员。

④操作人员正确佩戴好防护面罩等劳动防护用品。

⑤操作人员应保持正确的操作姿势，双人操作清洗水枪，避免枪头滑落。

⑥收集清洗废水，避免环境污染。

B.6.1.12　焊缝热处理

（1）主要风险分析。

使用电加热带操作过程中，可能发生触电、烫伤事故。

（2）风险控制措施。

①根据基础 JSA，编制风险控制措施并严格执行，办理作业许可。

②由持有效操作证件的专业电工接入或拆除热处理设备的临时电源。
③临时用电电源线应完好无损，铺设符合规定。
④热处理设备应可靠接地。
⑤应设置警戒线、警示标识。
注意：上述所有危险作业必须执行公司相关危险作业管理规定。

B.6.2 开停车过程危害因素识别及风险控制

B.6.2.1 作业前风险辨识

（1）根据 Q/SY 1238《工作前安全分析管理规范》的要求，开展检修作业过程中相关风险辨识。

（2）根据风险辨识结果编写相关防范措施和应急预案，并开展应急演练。

（3）风险评价宜选择半定量风险矩阵法或 LEC 法。

B.6.2.2 装置开停工过程危害因素识别及风险控制

（1）盲板倒换、加装作业。

①主要风险分析。

a. 倒换盲板时，可能导致中毒、着火爆炸。

b. 加装、倒换盲板有遗漏，导致检修作业可能发生事故。

②主要削减措施。

a. 根据工作前安全分析，编制风险控制措施并严格执行，办理作业许可。

b. 倒换有毒有害介质盲板时，应佩戴空气呼吸器。

c. 编制盲板倒换、加装清单，绘制示意图，说明盲断/导通状态并现场公示。

d. 盲板倒换、加装工作完成后，施工人员与技术管理人员共同现场确认，对盲板位置挂牌标识。

（2）氮气置换。

①主要风险分析。

a. 空气进入放空系统，天然气放空时，可能造成爆炸事故。

b. 装置在氮气置换过程中，氮气中氧含量超标，可能造成爆炸事故。

②主要削减措施。

a. 氮气置换前，确认到放空系统的所有阀门已关闭。

b. 氮气置换前，分析氮气中氧含量，氧含量应在规定范围之内。

c. 置换过程中，应定期对氮气中氧含量进行分析。

（3）泄漏性试验。

①主要风险分析。

a. 用含 H_2S 天然气泄漏性试验时，可能造成人员中毒或火灾爆炸事故。

b. 泄漏性试验过程中，由于阀门开关错误或阀门内漏，可能造成系统串压，导致设备超压爆炸。

②主要削减措施。

a.检查确认所有阀门处于正确开关状态,调节阀、联锁阀动作符合要求。

b.中控室监控系统各压力变化情况,放空设施处于正常状态,确保系统超压时能紧急放空。

c.泄漏性试验时升压速度应缓慢,压力上升速度宜小于0.1MPa/min。

d.高压系统泄漏性试验应按低压到高压逐级进行,若发现漏点应立即泄压整改,低压泄漏性试验合格后方能进入下一压力等级泄漏性试验。

e.现场作业应携带报警仪,佩戴正压空气呼吸器,观察风向,站在上风向操作,并设置监护人。

f.作业现场按正常生产安全管理要求进行管理。

(4)现场操作的其他风险分析与削减措施。

①主要风险分析:停工、检修、开工过程中,操作人员在现场操作时,还可能存在物体打击、高空坠落、滑倒、撞击、机械伤害、触电、溺水等风险。

②主要削减措施。

a.进入现场操作前,应穿戴好安全帽、护目镜、劳保服、安全鞋等个人劳动防护用品,应携带报警仪。

b.进入现场操作前,应选择合适的操作工具。

c.操作阀门时,严禁正对阀杆。

d.上下楼梯,应扶好扶手。

e.涉及危险作业的操作,应按危险作业管理规定执行。

(5)化验取样分析风险分析与削减措施。

①主要风险分析:停工、检修、开工过程中,化验分析人员在现场取样时,可能存在中毒、溶液灼伤、高温或低温伤害、物体打击、高空坠落、滑倒、撞击、触电、溺水等风险。

②主要削减措施。

a.进入现场取样前,应穿戴好安全帽、护目镜、劳保服、安全鞋等个人劳动防护用品,应携带报警仪。

b.上下楼梯,应扶好扶手。

c.涉及危险作业的操作,应按作业许可管理规定执行。

B.6.2.3　开停车的其他风险

(1)违章指挥、违章作业的风险。

①风险分析:开停车、检修中的违章指挥和违章作业都有可能造成设备、人身伤害事故。

②削减措施:杜绝违章指挥、违章操作。

(2)误操作的风险。

①风险分析:整个开停车、检修中都存在误操作导致各种事故的风险。

②削减措施:

a.提前制定开、停车方案并组织专门培训。

b.重视开、停车过程中的班组交接质量。

c.严格按开车必要条件确认要求进行步步确认。

d. 全面推行阀门锁定管理制度。

e. 所有操作都必须按照"有指令、有规程、有确认、有监控和有作业卡片"执行。

（3）开停车、检修期间的环境风险。

①风险分析：开停车、检修期间可能发生溶液、检修污水溢漏，清洗塔、罐、坑、池等产生的污水溢漏事故，同时可能发生清洗塔、罐等设备时掏出的固体残渣及清掏污水池产生的污泥，以及有毒气体放空等污染事故。

②削减措施：

a. 提前做好清污分流的准备工作。

b. 按程序回收溶液，严禁溶液漏、溢至地面。

c. 严格控制检修污水量，清洗设备时尽可能采用高压水枪。

d. 清掏出的固体废物按规定堆放，并设置防雨、防污染措施。

（4）开、停工过程中人身伤害风险。

①风险分析：在回收溶液、水洗、热循环等过程中，场地、梯子较滑，容易发生跌落、摔倒、碰撞、划伤、烧伤、烫伤等人身伤害事故。

②削减措施：

a. 穿戴好劳动防护用品。

b. 在攀爬梯子时，一定要双手紧握栏杆。

c. 高空作业时必须正确系好安全带。

d. 作业前应清理装置区杂物，拆除施工搭设的脚手架，保证装置通道畅通。

B.7 安全管理要求

B.7.1 作业前的要求

（1）特种作业必须由持有效操作证人员执行。

（2）进入停工检修施工现场作业前要认真检查，确保安全防护设施及个人防护用品齐全有效。

（3）各检修队伍经资质审查、签订施工合同和 HSE 合同并与天然气处理厂进行技术交底后方能进入施工作业现场，进行各项施工、作业的人员应接受安全教育、培训合格，熟悉作业方案、应急预案和其他注意事项后方能进行施工。

（4）检修队伍在进场检修之前，必须先与单元负责人取得联系，在得到单元负责人同意之后，方可进场开始检修作业。

B.7.2 作业过程安全要求

（1）检修人员须严格遵守各项 HSE 管理制度，严禁"三违"现象发生。

（2）进入检修现场的所有人员必须正确穿戴劳动保护用品，被易燃物质或其他有害物质污染过的工作服装，严禁带到明火作业现场。

（3）检修现场机具必须正确合理摆放，消防道路和逃生路线必须畅通，实行人流物流规范管理。

（4）各检修队伍在作业过程中，严禁破坏仪表电缆、管线、仪表，如果作业中涉及仪表电缆、管线、仪表的拆迁，则应事先通知仪表负责人，待仪表电缆、管线、仪表拆迁后，方可进行作业。严禁私自拆除和野蛮作业。

（5）进入有限空间或可能存在有毒有害、易燃易爆气体空间作业前应按规定进行检测。

（6）检修期间的起重作业必须由起重工统一指挥，严格执行安全规程。

（7）高处作业应先搭设脚手架，使用安全带或采取其他防止坠落的措施，脚手架平台必须搭设护栏和护脚栏。高处作业人员严禁上下抛掷物料工具，严禁穿硬性、易滑、厚底的鞋，多层作业应设安全网。高处动火作业须有防止火花飞溅的安全措施。

（8）检修用电严格执行停送电申请制度，开停工期间停送电由单元负责人执行；检修期间停送电由检修人员执行，检修完成后应恢复至检修前的停送电状态。临时用电须按规定申请，并办理临时用电作业许可。

（9）严格执行《中国石油天然气集团有限公司反违章六条禁令》和《中国石油天然气集团有限公司健康安全环境（HSE）管理原则》。

B.7.3　作业许可管理

检修作业风险管控是天然气处理厂检修 HSE 管理的核心。必须严格执行作业许可管理程序，开展工作前安全分析，落实能量隔离等安全控制措施。具体作业许可程序按集团公司《作业许可管理规范》和各地区公司管理规定执行。

B.7.4　安防器材管理

（1）各部门提前上报安防器材需求，HSE 管理部门按照实际需求给予配备，并完善领用使用登记记录。在含 H_2S、氨、汞等有毒有害气体场所检修作业时，检修人员应佩戴合格的防护用具。

（2）使用过程中如安防器材损坏，应立即返还 HSE 管理部门，重新配备。HSE 管理部门联合使用单位对损坏原因进行调查分析，防止引起人员、财产损失。

（3）检修结束后，领用部门应及时归还检修安防器材。HSE 管理部门组织对器材进行检查维护。

B.8　检修环保管理

B.8.1　环境危害因素识别及控制措施

检修前组织对检修施工过程中可能出现对环境造成影响的因素进行识别、评价和管理。

B.8.1.1　开停工危害因素识别及控制措施

（1）原料气、产品气、酸气放空的风险。

①风险分析。

正常开、停工时，设备管线中残余的原料天然气、产品气、酸气，经燃烧后放空。

②主要控制措施。

a.控制原料气、产品气系统压力降至最低限后，开始将残余原料气、产品气放空。

b.酸气系统流量低于设计值最低限时，将酸气放空燃烧。

c.在原料气、产品气、酸气放空前，确认火炬处于燃烧状态，开始放空时尽量缓慢，防止气流将火炬冲灭。若放空遇暴雨，应降低放空速度，减轻对周边环境的污染。

d.开工低压阶段泄漏性试验过程中，宜采用氮气、产品气。

（2）系统溶液溢漏的风险。

①风险分析：回收系统溶液过程中，设备、管道及低点排放阀等处溶液泄漏。

②主要控制措施：

a.停工热循环结束时，利用系统压力提前疏通脱硫脱碳、脱水单元各低位回收点，确保溶液回收管线畅通。

b.回收溶液时，遵循先高压、再中压、最后低压的顺序逐级回收，严禁留有死角。回收过程中必须有人监视，注意防止H_2S中毒。

c.用N_2建压，回收管线中残存的溶液。

d.脱硫脱碳系统水洗时，第一次宜采用除盐水清洗并回收，新鲜水洗时应保持低液位、大循环量，减少污水排放量。

（3）停工、开工期间SO_2排放的风险。

①风险分析。

装置停工及开工过程中，硫黄回收单元处于常规克劳斯运行及除硫时段SO_2排放较高，开产时装置配风控制不好，SO_2排放较高。

②主要控制措施。

a.调校计量设施，确保计量准确。

b.严格配风操作，减低SO_2排放。

B.8.1.2 检修过程危害因素识别及控制措施

（1）固体废物的风险。

①风险分析。

更换的催化剂，清洗塔、罐等设备掏出的固体残渣，清掏污水池产生的污泥，检修施工垃圾，厂区生活垃圾，物资采购包装箱等。

②主要控制措施。

a.在检修现场，应设置临时固体废物堆放点，堆放点应分作可回收、不可回收两种，并进行目视化标识，避免混淆堆放。

b.对危险废物应分类、单独存放。

c.每日施工结束后，天然气处理厂组织各检修队伍对临时堆放点固废进行统一回收清理。

（2）检修污水溢漏的风险。

①风险分析。

清洗塔、罐、坑、池等产生的检修污水溢漏。

②主要控制措施。

a.清洗时宜选用高压水枪、清管机等高效清洗工具，控制检修污水量；并采用箩筐等设施过滤，防止固体杂质进入污水处理单元。

b.制作有效的污水收集工具，集中导流收集污水，避免污水散流污染场地，确保污水全部回收。

c.检修期间加强巡检，关注各污水池的液位，杜绝污水溢出池外造成环境污染事件。

B.8.2 环保监测管理

为预防中毒事故、环境污染事故的发生，确保检修工作顺利进行，应对受限空间、溶液回收率、检修污水水质水量、污水处理装置外排水水质等进行监测和控制，监测和控制的内容按照各油气田公司实际情况制定，可参照以下内容。

B.8.2.1 监测范围及项目

（1）受限空间的氧气、可燃气体（CH_4）、有毒有害气体（H_2S、SO_2）检测，应在O_2含量监测合格的情况下，再监测其他项目。

（2）检修污水的水质（COD、pH值、石油类、硫化物、悬浮物、氨氮等）、水量检测。

（3）污水处理单元排放水水质（COD、pH值、石油类、硫化物、悬浮物、氨氮等）检测。

B.8.2.2 监测方法

（1）受限空间监测项目第一次宜采用化学法、色谱法、便携式仪器测定，合格后必须进行定期监测。

（2）系统溶液回收量、检修污水水量可根据容器体积估算。回收溶液浓度采用仪器法分析，污水水质采用国家标准方法分析。

B.8.2.3 监测项目指标

（1）受限空间作业安全卫生执行Q/SY 1242《进入受限空间安全管理规范》及GBZ 2.1《工作场所有害因素职业接触限值 第1部分 化学有害因素》标准。

（2）排放水指标执行GB 8978《污水综合排放标准》或环评指标。